SPRACHSCHATZ 2

Sprachbuch
für Grundschulkinder
im 2. Schuljahr

von
Manfred Pollert · Gerhard Sennlaub
Helga Kleingeist · Karin Schwartz

Cornelsen-Velhagen & Klasing

Sprachschatz 2

Sprachbuch für Grundschulkinder im 2. Schuljahr

Redaktion: Barbara Schmid-Heidenhain
Layout: Knut Waisznor
Grafik: Birgit Rieger
Fotos: Cornelsen-Velhagen & Klasing (Ingeborg Ullrich)
Schreibschrift: Thomas Menzel

Zum Unterrichtswerk
‚Sprachschatz 2' für das 2. Schuljahr
gehören folgende Bestandteile:

- Schülerbuch
  Ausgabe mit Lateinischer oder mit Vereinfachter Ausgangsschrift
- Arbeitsheft
  Ausgabe mit Lateinischer oder mit Vereinfachter Ausgangsschrift
- Lehrerband

Was diese Zeichen bedeuten:

Schreibe sauber und jedes Wort in einem Zug.

Wenn du gerne Detektiv bist, ist dies eine Aufgabe für dich.

Das ist eine freiwillige Aufgabe, die dir Spaß machen wird.

DIE KLASSEN RUNDE — Hier könnt ihr gemeinsam streiten.

1. Auflage – 2. Druck 1987
Alle Drucke dieser Auflage können im Unterricht nebeneinander benutzt werden.
Bestellnummer 46800

Druck: CVK-Druck, Berlin

ISBN 3-464-04680-X

Cornelsen-Velhagen & Klasing
Verlag für Lehrmedien, Berlin
(Postfach 33 01 09, 1000 Berlin 33)

Vertrieb: Cornelsen-Velhagen & Klasing Verlagsgesellschaft, Bielefeld

Text- und Bildquellen

S. 10 Josef Guggenmos, Affenschule, in: Was denkt die Maus am Donnerstag? © Georg Bitter, Recklinghausen 1967. S. 14 James Krüss, Als Bauer Christoff Düwels-Eck, in: Mein Urgroßvater und ich, Oetinger, Hamburg 1968. S. 18 Foto Dieter Gertmann. S. 21 Josef Reding, Faulenzen, mit freundlicher Genehmigung des Autors entnommen aus: Gutentagtexte, Engelbert, Balve 1982 © Josef Reding. S. 32 Jürgen Spohn, Wie heißt du denn? (gekürzt), in: Drunter & Drüber, Bertelsmann, München 1980. S. 33 Abb. Ludwig Richter. S. 34 Foto r. aus: H. Brechtel, Handbuch für den Turnunterricht an Volksschulen, Ansbach 1914. S. 36 Janosch, Hokuspokus Kokosnuß, in: H.-J. Gelberg (Hrsg.), Die Stadt der Kinder, © Georg Bitter, Recklinghausen 1982. S. 39 Josef Guggenmos, In Wald und Garten lebt ein Tier, in: Was denkt die Maus am Donnerstag? © Georg Bitter, Recklinghausen 1967. S. 41 Hans Poser, Kommet all und seht, in: Der fröhliche Kinderkalender, Fidula, Boppard o. J. S. 42 Übungen, in: A. Wichmann, Fibel nach praktischen Grundsätzen, Velhagen & Klasing, Bielefeld-Leipzig 1899. S. 45 Peter Hacks, Die Blätter an meinem Kalender, in: Der Flohmarkt. Gedichte für Kinder, Kinderbuchverlag, Berlin (Ost). S. 69 Kein Baum – und doch an Blättern reich – Volksgut. S. 71 Ilse van Heyst, Bist du ein richtiger Junge? in: J. Fuhrmann (Hrsg.), Gedichte für Anfänger, rororo rotfuchs, Hamburg 1980. S. 75 Fotos Karin Schwartz.

Inhaltsverzeichnis

★ So ein Papagei müßte mir gehören.

1 Was meint ihr dazu? Sprecht darüber.

2 Welches Tier hättest du gerne? Was sagen deine Eltern dazu?

3 Spielt ein Gespräch mit Eltern: Mama, ich wünsche mir ein Tier.

4 Erzähle, wie man einen Hund pflegt oder für einen Hamster sorgt.
Wo kannst du etwas darüber erfahren, wenn du es nicht weißt?

5 Lest die Geschichte auf der nächsten Seite mit Partnern.

... unsere Freunde

6 Schreibe die ersten beiden Sätze:
Oder:
Schreibe die Hundesprache aus den Sprechblasen.

Das ist ...

Hier kommt ...

7 Denkt euch auch eine Unsinnsprache aus.

8 Kannst du auch eine Katzensprache erfinden? Schreibe sie auf. Lies sie einem anderen Kind vor.

Kunterbunt …

Ulla malt.
Sie sagt:
Uwe, rate mal!
Es hat einen Kopf, Augen, Ohren.
Es hat auch Haare.

Uwe lacht:
Malst du mich?
Dann fehlt der Mund.

Ulla lacht:
Es geht noch weiter.
Es hat einen Bart an der Schnauze.

Uwe ruft: Ein Schnauz bart mann,
ein Mann schnauz bart,
ein Schnauz mann bart,
ein Bart schnauz mann,
ein . . .

Ullas Hund heißt Kunterbunt,
Kunterbunt heißt Ullas Hund.

1 Lies den Text.

2 Schreibe vier Sätze oder mehr.
Die Überschrift ist: *Kunterbunt*
Oder:
Schreibe vom Text oben
den ersten Abschnitt
in dein Heft.
Vergiß die Überschrift
Kunterbunt nicht.

Kunterbunt
Ulla malt den Kopf.
Ulla malt die Augen.
Ulla malt . . .
. . .

3 Dackel heißen eigentlich
nicht Dackel. Wie heißen sie
wirklich? Warum?

… heißt Ullas Hund

Was Kunterbunt alles kann:
rennen, sich freuen, springen,
auf drei Beinen stehen, sehr
gut hören, Bälle fangen

4 Schreibe den Text ab.
Oder schreibe so:

Ullas Hund kann rennen.
Ullas Hund …

5 Erzählt von Hunden: Kunststücke, Erlebnisse …
Fragt auch Hundebesitzer.

Wie ein Hund sein kann:
braun, schwarz, lieb, jung,
schlau, frech, klein, groß

6 Schreibe zwei Sätze oder vier Sätze. So:

Ein Hund kann braun und
… sein. Ein Hund kann …

7 Es ist schwierig, nach dem *r* gut weiter-
zuschreiben. Übe von jedem eine Reihe.

ra re ri ro ru

Viele Sachen …

1 Lies das Durcheinander vor.

2 Schreibe alle Namen für Dinge, die mit A, B oder P anfangen.

Auto, …

Oder: Schreibe zehn Namen für Dinge aus dem Durcheinander. So:

Brot, Käse, …

3 Was hast du heute mitgebracht? Erzähle es den anderen.

… richtig machen

Wie man schwierige Wörter richtig abschreibt **Trick 1**

Bein

Brille Brot

Buch

Puppe Papier

4 Übe mit diesen Wörtern das richtige Abschreiben, so wie es bei Trick 1 vorgemacht ist.
Oder:
Schreibe die Wörter unten mit Trick 1.

Bein Brille

Brot

Buch Puppe

Papier

Heft Rad

Arm

Apfel Käse

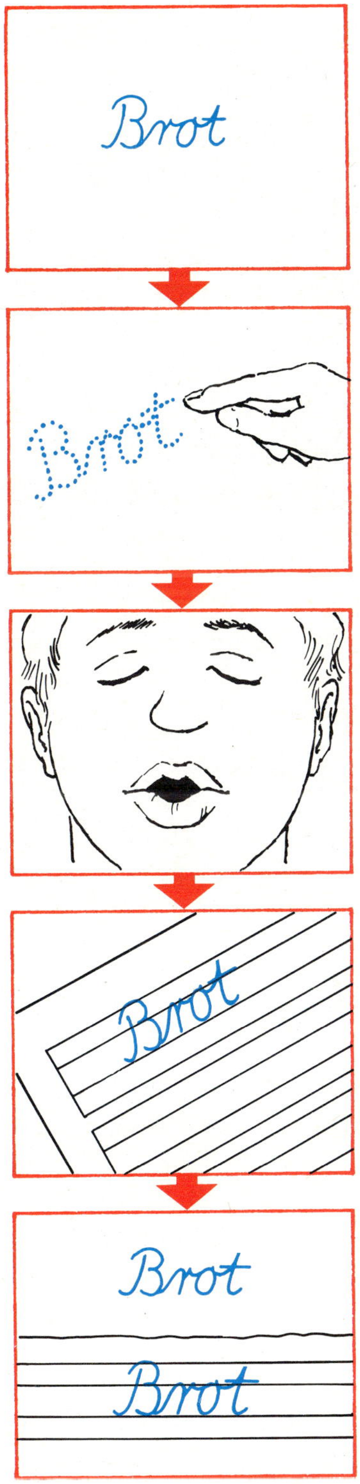

Sieh dir das Wort genau an. Mache die Augen zu. Kannst du dir vorstellen, wie das Wort aussieht?

Schreibe das Wort mit dem Finger auf den Tisch. Sprich dazu. Sieh nach. War's richtig? Mache es noch mal. Nicht mogeln!

Mache die Augen zu und flüstere die Buchstaben vor dich hin: B-r-o-t

Schreibe das Wort jetzt ins Heft: von vorne bis hinten ohne Steckenbleiben.

Vergleiche nun jeden Buchstaben mit dem Wort im Buch. Stimmt's?

Affenschule…

Affenschule

Die Schule ist ein schönes Ding,
man braucht sie, das ist wahr.
Auf einem umgestürzten 🐵aum
saß eine 🐵ffenschar:

Man hatte sie dorthin geschickt,
zu bilden den Verstand.
Der 🐵ehrer war drei Tonnen schwer,
ein gescheiter Elefant.

Der Lehrer nahm mit seinem 🐵üssel
die Schüler bei den 🐵hren.
Sie lernten nichts, sie lärmten nur,
alle Mühe war verloren.

Josef Guggenmos

1 Lies das Gedicht so oft, bis du es gut vorlesen kannst.

2 Schreibe die 🐵-Wörter richtig ins Heft.

3 Schreibe einen Satz.
Oder: Schreibe alle Sätze.

Die Sch… ist auf einem Baum.
Die Sch…. sind Affen.
Der L…. ist ein Elefant.

4 Schreibe das Gedicht auf ein großes Blatt und male dazu.
Diese Blätter könnt ihr in der Klasse aushängen.

Trick 2

Wie man auswendig lernt

Wenn man Gedichte oft laut und gut gelesen hat,
kann man einige Zeilen bald auswendig.
Dann liest man weiter laut und gut,
bis man das ganze Gedicht auswendig kann.

5 Lerne einen Abschnitt des Gedichts mit Trick 2 auswendig.

Oder: Lerne das ganze Gedicht mit Trick 2.

… Kinderschule

Schülernamen

in der Affenschule	in der Kinderschule
Krabautz	Thomas
Krümel	ANDREAS
Schlumpf	Katja
ATZE	FRANK
Brummi	DANIELA
KLAPS	Jan
Höppi	Sebastian
Frümel	Serdar
IXUM	OLIVER
Floppi	Melanie
Knacker	NADINE
	PABLO
	Alessandra

6 Schreibe die Affen-Namen mit A, F, K, M, S ins Heft. So:

A: Atze

F: Floppi

und so weiter.

Oder: Schreibe Namen aus deiner Klasse mit A, F, K, M, S ins Heft. So:

A: . . .

F: . . .

und so weiter.

7 Erfinde andere Affen-Namen. Schreibe drei Namen.

8 *a*, *d* und *g* brauchen einen besonderen Schwung. Schreibe von jedem eine Reihe:

ba da ga ra

9 Was heißt Michael in Englisch, Italienisch und Spanisch? (Achtung! Die Aussprache ist schwierig.)

Verkehr hören ...

1 Schreibe ab, was Paul sagt. Oder: Schreibe ab, was Paul und Pauline sagen. } Denke an Trick 1

Uwe hört auf dem Schulweg verschiedene Geräusche.

klinge-klinge-klinge-linge-linge

tuk-tuk-tuk-tuk-tuk-tuk

tatü tata tatü tata

brum-brum-brum-ratata-psch...

ft-ft-kschr

br-br-schr-schr-rm

bröm-bröm-bröm-bröm

2 Lies so, daß man hören kann, ob die Fahrzeuge kommen oder wegfahren.

3 Diktiert euch gegenseitig die Geräusche.

4 Was sind Oldtimer?

… Verkehr beobachten

Unfall auf dem Schulweg
Am letzten Montag gab es einen Unfall. Ein achtjähriges Mädchen lief in der Lindenstraße gegen ein Auto. Dort stand ein Autobus an der Haltestelle. Das Mädchen war plötzlich vor dem Bus auf die Fahrbahn getreten. Es wollte die Straße überqueren. Das Mädchen wurde leicht verletzt.

5 Lies den Zeitungsbericht vor.

6 Wie konnte der Unfall geschehen? Sprecht darüber.

7 Spielt, wie der Unfall geschah. Spielt dann, wie man sich richtig verhält.

8 Schreibe aus dem Zeitungsbericht alle Wörter ab, die nur drei Buchstaben und einen kleinen Anfangsbuchstaben haben. Es sind dreizehn.

1. Willst du auf die Fahrbahn gehen:
erst nach links, rechts, links hinsehen.
2. Zebrastreifen sagen dir:
Bitte überquere hier.

9 Lerne beide Verse auswendig. Mache es mit Trick 2

10 Schreibe diese Wörter in dein Heft: Auto, Autobus
Oder: Schule, Schulweg
Schreibe die zwei Verse ab. Kinder, Schulkinder

11 *Für ausländische Kinder:* Laß dir Wörter aus Aufgabe 10 von Eltern, Verwandten oder älteren Freunden in deine Muttersprache übersetzen. Schreibe sie auf oder sprich sie deiner Klasse vor.
Für deutsche Kinder: Versuche, diese Wörter zu lesen oder nachzusprechen.

Aa b c d e f g h i j k l m n o p q r s t u v w x y Zz
B C D E F G H I J K L M N O P Q R S T U V W X Y

Als
Bauer
Christoff
Düwels-
Eck
Fünf
Gulden
Hatte
Im
Jackett,
Kam
Leider
Mit
'Ner
Ollen
Pistol
Quintilius
Räuberrabenstätt,
Stahl
Taler
Und
Verschied'nes
Weg,
X,
Y,
Zett!

James Krüss

ABCDEFG
Puderzucker ist kein Schnee,
HIJKLMNOP
Badewasser ist kein See,
QRSTUVW
Limonade ist kein Tee,
XYZ
die Schulbank ist kein Bett.

1 Lies die ABC-Gedichte.
Lerne eins davon auswendig.
Denke an Trick 2.
Kennst du noch ein anderes ABC-Gedicht?

Achtung! Geheimschrift!

HBG AHM RDGQ RBGKZT!

2 Kannst du die Geheimschrift auch lesen? Dann schreibe die Lösung ins Heft.

3 Schreibe mal deinen Vornamen und deinen Familiennamen in dieser Geheimschrift auf.

… a, e, i, o, u

4 Lies Paulines Gedicht.

5 Schreibe das Gedicht mit den richtigen Buchstaben ins Heft.

6 Sprich das Gedicht nur mit e, nur mit i, o oder u.

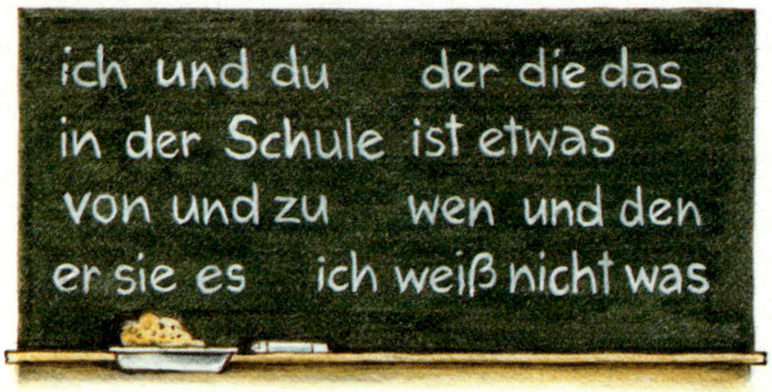

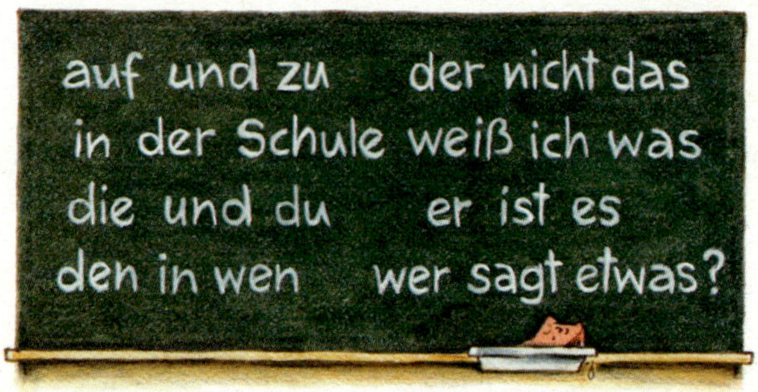

7 Lies die Wörter auf jeder Tafel immer schneller.

8 Schreibe Wörter
aus dem Vers links:
zuerst alle Wörter mit zwei Buchstaben,
dann alle Wörter mit drei Buchstaben.

Schreibe so:

du	ich
in	und
…	der
…	…

9 Z, A, B, CHD JZSYD … Wie heißt die ganze Zeile richtig?

Micha hat eine Aufgabe

Mutter sagt:
In unserer Familie muß jeder im Haushalt arbeiten. Vater, Mutter und Kinder haben Aufgaben.
Micha sagt:
Ich nehme freiwillig eine schwere Aufgabe: Ich will aufpassen, daß jeder seine Aufgabe tut.

Einer räumt auf

Vater sagt zu Tanja und Karin: Räumt mal euer Zimmer auf! Wer Durcheinander macht, muß auch aufräumen.
Tanja antwortet: Wir haben mit Berri gespielt. Der hat das Durcheinander gemacht, weil er so wild war. Also muß Berri aufräumen.

1 Lies die Geschichten.

2 Schreibe eine Geschichte ins Heft. Oder: Schreibe eine Geschichte auf ein Blatt. Male Bilder und Verzierungen dazu. Hängt die Geschichtenblätter in der Klasse auf.

fernsehen aufräumen spielen essen lachen
helfen malen weinen kochen rechnen

3 Ordne die zehn Wörter nach dem ABC.

4 Schreibe mit Trick 1:

Was Kinder im Haus tun
Kinder sehen fern, räumen auf, …

5 Achtung! Das ist schwierig:
Schreibe sechsmal fünf *s* hintereinander. So: *sssss sssss …*

6 Male, was du zu Hause besonders ungern tust. Schreibe auch dazu.

... Geschichten

Montag, 4. September 1984
Der Hausmeister, Herr Pawollek, hat ganz laut mit uns geschimpft. Wir hatten nach dem Basteln nicht ordentlich aufgeräumt. Zu Maria hat er gesagt: An die Arbeit, Mathilde!
Nicole

Dienstag, 25. September 1984
Andrea ist an ihrem Geburtstag zweimal vom Stuhl gefallen.
Bernd

Mittwoch, 26. September 1984
Nicoles kleiner Dackel hat in der Klasse einen See gemacht. Thomas hat gesagt: Das ist aber ein unordentlicher Hund! Tina

In jeder Klasse geschieht täglich etwas Besonderes oder etwas Lustiges.
Das könnt ihr aufschreiben und daraus ein eigenes Buch machen.
Nämlich so: Besorgt euch ein Ringbuch oder einen Hefter.
Jeden Tag schreibt ein Kind eine kleine Geschichte.

Am Wochenende gibt es das *Echo der Woche:*
Dann lest ihr reihum die Geschichten vor.
Später könnt ihr euch das *Echo des Monats* vorlesen.
Und vor den großen Ferien macht ihr eine
Weißt-du-noch-Vorlese-Stunde!

Arbeit in den Ferien …

Martin hat ein Foto von den Sommerferien mitgebracht. Er erzählt:

In diesem kleinen Haus haben wir gewohnt. Dahinter fing der Wald an. Auf dem See kann man mit dem Boot fahren und Fische angeln. Am Abend haben wir auf der Bank gesessen. Manchmal haben wir auch ein Feuer am Ufer gemacht.

1 Lies vor, was Martin erzählt. Kannst du alles auf dem Foto erkennen?

2 Schreibe die Namen von den Dingen ins Heft, die du erkennen kannst.

Oder: Schreibe den Text ab und unterstreiche die Dinge, die du erkennen kannst.

Am ersten Tag hat Martins Vater Zettel geschrieben.
Alle sollen bei der Hausarbeit helfen: Martin, Katja, Mutter und Vater.
Katja ist erst vier Jahre alt. Alles kann sie noch nicht machen.

die Küche aufräumen
kochen
abtrocknen
den Abfall wegbringen
Eier und Milch holen
spülen
das Holz stapeln
fegen
die Betten machen
den Tisch decken
Holz sammeln

3 Schreibe auf, was Martin, Mutter und Vater tun können. So:

Mutter kann kochen.
Martin kann …
Vater kann …

Oder: Was kann Katja noch nicht tun? Schreibe drei Sätze. So:

Katja kann noch nicht …
Katja …
…

... macht Spaß

Martin hat heimlich auf die Rückseite der Zettel geschrieben.

eine Hütte bauen

in der Sonne liegen — lesen — Pfeife rauchen

mit dem Boot fahren — schwimmen — schlafen

Feuer machen — in der Hängematte schaukeln — angeln — die Pferde besuchen

4 Schreibe vier Sätze. So:

Vater will heute ...

Katja will heute ...

Mutter will heute ...

Martin will heute ...

Oder: Schreibe für Martin einen Plan für den ganzen Tag auf. Nimm dazu beide Seiten der Zettel.

Martin will heute ...

Er will auch ...

Er will auch ...

Diese Bilder hat Martin in den Ferien gemalt.

Vater und Martin rudern mit dem Boot zur Insel.

Mutter und Martin sitzen im Boot und angeln.

Vater klettert auf den großen Baum am See.

Katja und Vater wollen am Ufer ein Feuer anmachen.

5 Suche zu jedem Bild den richtigen Text.
Erkläre den anderen, warum dein Text stimmt.

6 Male ein kleines Bild zu dem Text, der übrigbleibt.
Schreibe den richtigen Text dazu.

Keine Zeit …

Katrin sitzt allein zu Hause.
Keiner kann heute mit ihr spielen.

1 Was machst du, wenn du allein bist? Erzähle es den anderen.

2 Schreibe, was Katrins Freunde tun wollen:

Michael will zu …

Stefan will Fußball …

Oder: Schreibe, was du am liebsten spielst. Male dazu.

3 Schreibe die fünf Kindernamen.
Übermale im Heft alle a, e, i, o und u rot.

...für Langeweile

Faulenzen

Manchmal möchte
man
faulenzen
wie ein
Gulli im
Sonnenschein,
wie ein
Rasenmäher
im Winter,
wie eine
Nachttischlampe
am
Tag.

Josef Reding

4 Lies das Gedicht vor.
Lerne es mit Trick 2 auswendig.

5 Was meint ihr zu den Tips? Sprecht darüber.

6 Schreibe fünf Sätze so ins Heft:

Klaus will Musik hören.
Ute will ...

Oder: Schreibe, was du gerne tust.
Schreibe fünf Sätze so:

Ich spiele gerne mit ...
Ich ...

7 Schreibe diese Wörter mit Trick 1:
fahren, gehen, spielen, bauen, malen, lesen, hören
Oder:
Ordne diese Wörter nach dem ABC und schreibe sie mit Trick 1 ins Heft.

8 Diktiert euch die Wörter gegenseitig.

Trick 3

Wie man Partnerdiktate schreibt

Für den Schreiber:
Frage deinen Partner, wenn du ein Wort nicht schreiben kannst.

Für den Sprecher:
Sage sofort *Stop,* wenn dein Partner einen Fehler schreiben will.

Bunte Blätter…

Bei der Blume
sind die Blätter so:
lang, spitz, gelb

Bei dem Igel
sind die Blätter so:
breit, braun, groß

Beim Papagei
sind die Blätter so:
klein, glatt, grün, oval

Beim Krokodil
sind die Blätter so:
groß, zackig, grün und braun

Bei deinem Namen
sind die Blätter so:
bunt, schmal, klein

So können Blätter auch sein:
winzig, feucht, rot, rund, trocken, hellbraun, krumm

1 Schreibe eine Liste mit zehn Wörtern, wie deine Blätter sind.
Mit diesen Wörtern und den oben bei den Bildern
hast du zwanzig Wörter zur Auswahl.

2 Schreibe diese Reihen oder mehr ins Heft.

So ist ein Blatt:
entweder breit oder schmal,
entweder trocken oder …

... im Herbst

10 bis 25 Meter hoch.
Blätter auf der Oberseite grün. Unterseite blaugrün.
Häufig in Parks, Grünanlagen
und an Straßen
angepflanzt.

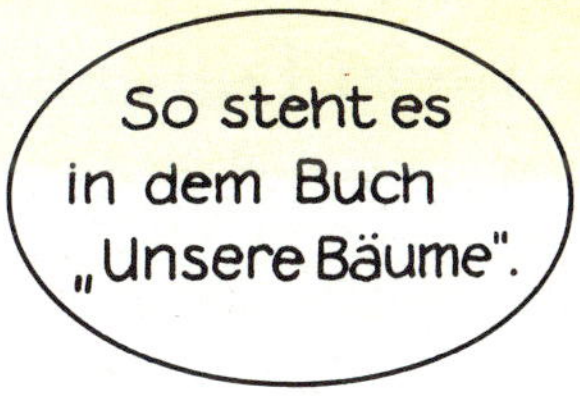

3 Lest alles ganz genau.
Sprecht darüber:
- Was sagt der Text über den Baum?
- Was sagt der Text über die Blätter?

4 Schreibe die erste Frage mit deiner Antwort ins Heft.
Oder:
Schreibe beide Fragen mit den Antworten ins Heft.

5 So heißen andere Bäume:
Buche, Eiche, Kastanie, Ahorn, Birke, Eberesche, Platane
Schreibe die Namen ins Heft und übermale dann alle a, e, i, o und u.
Denke beim Abschreiben an Trick 1.

6 Im Herbst legen Eichhörnchen Speisekammern an.
So haben sie im Winter zu fressen.
Welche Baumfrüchte sind in den Speisekammern?

Schreck …

Montag

Claudia hat Einladungen für ihren Geburtstag geschrieben. Es sind viele kleine Zettel.

> Morgen um vie feiere ich meine Geburtstag
> ich lade Euch alle ein ringt bitte
> schöne Geschenke mit
> Claudia

Dienstag

Am nächsten Tag geht es ab halb vier rund. Dauernd klingelt es. Immer mehr Kinder kommen.

Um vier Uhr ist das Kinderzimmer voll es
ist sehr laut es klingelt immer
noch da sagt Claudias Mutter:
Oho sie fragt: Sind nicht bald alle da?
Claudia lacht sie antwortet: Ich habe
vierzig Zettel geschrieben ihre Mutter
wird ganz bleich sie plumpst auf
einen Stuhl dann stöhnt sie:
Ojojo

1 Im Brief fehlt in jeder Zeile ein Punkt. In der Geschichte vom Dienstag auch. Suche die Stellen mit Partnern.

2 Schreibe Claudias Brief. Aber richtig und schön.
(Achtung! Nach jedem Punkt geht es groß weiter.)
Oder:
Schreibe die Geschichte vom Dienstag. Setze die fehlenden Punkte.
(Achtung! Nach jedem Punkt geht es groß weiter.)

3 Wie war der Tag deiner Geburt? Forsche und erzähle der Klasse.

… am Nachmittag

Claudias Geschenke

ein selbstgemachter  aus Draht

eine selbstgemachte  für die Schule

ein paar Hüllen für 

ein gesticktes Lesezeichen für 

ein kleines Täschchen für 

ein bunt bemalter 

Dieses rote Zeichen bedeutet: Du findest das Wort hinten in der Wörterliste.

4 Suche die Wörter für die Bilder in der Wörterliste. → ABC
Schreibe die sechs Wörter nach dem ABC geordnet.
Oder:
Schreibe so: *Claudia kriegt einen bunt bemalten Stein. Claudia …*

5 Diktiert euch die Wörter gegenseitig mit Trick 3.

Vierzig Kinder

Vierzig Kinder zum Geburtstag
Schmierzich Finder zum Gemurzach
Knirzich Pfünder am Gewürzbach
Knürzlich Stümper mit Krawuzzach
Schlürfmich Strümpfe auf Klabauzach
Pfürzich Schlümpfe für Schliwurzach
Pforsich Schlinder im Zermurksbach
Vorsicht Kinder zum Geburtstag

6 Lies laut ganz genau die linke Spalte.
Oder: Lies laut ganz genau den ganzen Text.

7 Suche in Zeitungen Geburtsanzeigen und Glückwünsche zum Geburtstag, die dir gefallen. Schneide sie aus und klebe sie sauber ins Heft.
Lest sie einander vor.

Warm und …

In Peters Klasse sind viele Kinder, die nicht in Deutschland geboren sind.

Veng

In Vietnam ist es immer warm. Es regnet viel mehr als hier. Aber auch der Regen ist warm.

Kemal

In der Osttürkei war der Sommer immer sehr kurz. Für die langen Winter mußten wir Holz für den Ofen sammeln.

Rosaria

Meine Oma in Sizilien braucht den Ofen meistens zum Kochen. Heizen muß sie selten.

1 Laßt alle Kinder aus fremden Ländern erzählen. Sprecht darüber, wie bei euch zu Hause geheizt wird.

2 Schreibe die Namen der Kinder und Länder. So:

Veng ist in Vietnam geboren.

Kemal …

Oder: Aus welchen fremden Ländern kommen Kinder, die du kennst? Schreibe so:

… kommt aus …

… ist in … geboren.

3 Wo gibt es Steine, die vor Hitze flüssig sind?

Kinder mit kalten Füßen, kalten Bäuchen, kalten Köpfen und kalten Popos gehen gern mit kalten Füßen, kalten Bäuchen, kalten Köpfen und kalten Popos ins gesunde warme Bett.

4 Lies. Sprich bei jedem Wort die Anfangsbuchstaben besonders deutlich.

5 Lies immer schneller, bis du es auswendig kannst.

6 Schreibe den Text mit Trick 1 ab.

Oder: Schreibe sechs Wörter, die mit k, K und g anfangen.

7 Ordne nach dem ABC: *Fuß, Bett, Kopf, Geld, Popo, Dach, Tasse*

. . . kalt

1	2	3
Das Badewasser		glühend
Das Bügeleisen		kühl
Der Schnee		lau
Die Sonne	ist	kalt
Das Eis		heiß
Die Luft an einem Sommerabend		eiskalt
Das Bier		warm

8 Ordne alle Wörter in Spalte 3 nach der Wärme. Das erste Wort ist *eiskalt.* Das letzte Wort ist *glühend.*

Oder: Ordne im Kopf alle Wörter in Spalte 3 nach der Wärme. Das erste Wort ist *eiskalt.* Das letzte Wort ist *glühend.* Schreibe dann mit jedem Wort einen Satz. So:

Das Eis ist eiskalt.

Der Schnee . . .

(Achtung! Vergiß die Punkte nicht.)

warm . . . kalt

Hand — Ball — Nase — Bauch — Papier — Wagen

9 Schreibe die sechs Dinge nach dem ABC geordnet. So:

Ball, Bauch, . . .

Oder: Drei Dinge sind warm, drei Dinge sind kalt. Schreibe so:

Die Hand ist warm.

Der Ball . . .

(Achtung! Punkt am Satzende.)

10 Den schwierigen Schwung beim *a* sollst du hier noch einmal üben. Schreibe immer eine Reihe.

wa ka Ha Ba Na Pa Wa

11 Schreibe alle Wörter aus der Wörterliste, die mit *ba, da, ra* anfangen. → ABC

Zauberbaum und...

Ufuk ruft:
Frau Ringberg, sehen Sie mal!
Silke bringt einen Zauberbaum mit.
Frau Ringberg fragt:
Wie hast du das gemacht?
Das sieht ja toll aus.
Silke lacht und erklärt:
Das war nicht schwer.
Ich mußte nur

- Kressesamen kaufen,
- einen trockenen Zweig suchen,
- nasse Watte mit einem Faden um den Zweig binden,
- die kleinen Samenkörner in die Watte drücken,
- den Zweig in ein Glas mit Wasser stellen,
- die Watte jeden Tag etwas naß machen.

Nach einer Woche war der Zweig dann mein Zauberbaum.

1 Lies einem Partner vor, was Silke erklärt.

2 Versuche jetzt zu beschreiben, wie ein solcher Zauberbaum entsteht.

3 Schreibe, wie dein Zauberbaum entsteht.
So: *Ich muß Kressesamen kaufen.*
Ich muß einen trockenen Zweig suchen.
Ich muß nasse Watte ...
Ich ... (Achtung! Punkt am Satzende.)

Oder: Schreibe eine Anweisung für einen Freund. So:
Kaufe dir Kressesamen.
Suche dir ...
Binde ...

Nach jedem Punkt schreibt man groß weiter.

4 Säe den Samen von Senf, Gras, Weizen oder Kresse in die offenen Spalten eines Tannenzapfens. Gieße ihn regelmäßig. Du erlebst eine lustige Überraschung.

… Pflanzenversteck

A	B	K	E	L	A
G	A	R	B	T	P
R	U	E	L	A	F
A	M	S	U	N	H
S	U	S	M	N	E
B	R	E	E	E	U

b	u	t	r	o	t
a	b	r	a	u	n
b	e	g	r	ü	n
d	u	n	k	e	l
o	k	l	e	i	n
b	l	a	n	a	ß

5 Lies die linke Zauberblüte senkrecht.
Da sind sechs Namen von Pflanzen versteckt.

6 Lies die rechte Zauberblüte waagerecht.
Da sind sechs Wörter versteckt.
Diese Wörter sagen, wie Pflanzen sein können.

7 Schreibe die sechs Namen der Pflanzen.
(Achtung! Der Anfangsbuchstabe bleibt groß.)
Schreibe dann die Wörter aus der anderen Blüte.

8 Diktiert euch die zwölf Wörter aus beiden Zauberblüten mit Trick 3.

9 Schreibe sechs Sätze. Nimm dazu Wörter aus den Zauberblüten.
So: *Das Gras ist grün.*
Der Baum ist …
Die Kresse …

Oder: Schreibe sechs Sätze mit den Wörtern aus der rechten Zauberblüte.
Suche passende Namen von Sachen aus der Wörterliste. → ABC
Schreibe so: *Das Auto ist rot.*

Fieberhals …

Alex ○ellt auf dem Flohmarkt schöne ○eine aus.
Fünf ○unden lang ○eht er auf der ○raße
oder sitzt ○ill auf seinem ○uhl. Kein Wunder,
wenn er dann eine ○arke Erkältung kriegt.

1 Schreibe den Text ab. Setze die fehlenden Buchstaben ein.

Trick 4

Wie man Geschriebenes kontrolliert
Wer etwas geschrieben hat, findet nur schwer seine eigenen Fehler.
Trick 4 hilft: Kontrolliere ein Wort nach dem anderen –
ein Finger in deinem Heft, ein anderer in der Vorlage.

2 Schreibe noch einmal alle Wörter mit st und St.
Übermale dann den Wortanfang.

Arzt: Wie geht es dir?
Alex: Ich habe Schmerzen in den Ohren,
eine Entzündung im Hals, meine Augen
tränen, meine Nase läuft.
Arzt: Aha! Deine Nase tränt also,
und deine Augen laufen.
Alex: Nein, nein!
Ich habe Ohrenhusten,
Nasentränen,
Fieberhals und
Schmerzentzündung.
Sie bringen mich ganz durcheinander.
Wie heißt die Krankheit?
Arzt: Die heißt Augen-Husten-
Fieber-Schmerzen-Nasen-
Ohren-Entzündung.
Alex: Kann man das nicht kürzer sagen?
Arzt: Doch: Erkältung.

3 Lest mit verteilten Rollen (Alex mit schwacher Jammer-Stimme).

4 Schreibe den blau gedruckten Text. Unterstreiche alle Namen.
Oder:
Schreibe alles, was der Arzt sagt. Unterstreiche alle Namen.

5 Ordne die blau gedruckten Wörter nach dem ABC.

… und Schmerzentzündung

6 Spielt Krankengeschichten.

7 Nur für Kinder, die einmal einen Arztbesuch zu Hause hatten:
Schreibt auf, was ihr sagtet und was der Arzt sagte.
So: *Ich: …*
Arzt: …

Urgroßmutters Rezepte gegen Halsentzündung:

warme Pellkartoffeln zu einem Brei kneten, damit einen Umschlag um den Hals machen

auf ein Tuch dick Butter streichen, damit einen Umschlag um den Hals machen

mit lauwarmem Salzwasser gurgeln

8 Schreibe alle Rezepte in richtigen Sätzen mit Punkten.
So:
Bei Halsentzündung muß man …
Damit …
Bei Halsentzündung …

Oder schreibe so:
Mutter macht es wie Urgroßmutter.
Sie knetet …
Damit macht sie …

9 Schreibe, wie Alex sich fühlt. (Achtung! Ein Wort gehört nicht dazu.)

krank niesen schwach matt unwohl müde schlapp kraftlos elend schwindelig

10 Erkundige dich bei alten Leuten:
Welche Hausrezepte gibt es gegen Schluckauf?
Berichte in der Klasse.

Großeltern, Eltern, ...

1 Schreibe die zehn Verwandtennamen mit Trick 1. So:
Bruder, Schwester, . . .
Unterstreiche alle Namen blau, die auch in der Wörterliste stehen. → ABC

2 Schreibe so von deinen Eltern:
Mein Vater heißt . . .
(Vorname, Familienname)
Er ist . . . Jahre alt.
Meine Mutter . . .
Oder:
Schreibe so von deinen Großeltern:
Die Mutter meiner Mutter ist meine Großmutter.
Die Mutter meines Vaters ist . . .
Der Vater meiner Mutter ist . . .
. . .

3 Male deinen Stammbaum auf ein großes Blatt. Zeige ihn in der Klasse. Hänge ihn dann zu Hause auf.

4 Erforsche die Namen von vier Urgroßeltern.

Wie heißt du denn? Maximilian Nachbarschreck
Margarethe Laufnichtweg
Karoline Küßmichmal
Friederike Miregal
Ludovico Zeigmalher
Michaela Gehtnichtmehr
Karl-Matthias Immerich
Rosalinde Werliebtmich

Jürgen Spohn

5 Lies das Spaßgedicht.

... Kinder

Alle Kinder sind schon da,
alle Kinder, alle!
Benja, Steffi, Gabi, Tim,
Daniel, Patrick und Katrin.
Vater, Mutter, Tante Ruth,
Onkel Paul mit Federhut.

6 Schreibe das Gedicht ab.

7 Suche für jeden Anfangsbuchstaben der sieben Kindernamen einen anderen Namen.
So: *Benja – Birgit*
Steffi – Stavros
Gabi – ...

8 Ordne die sieben Kindernamen aus dem Gedicht nach dem ABC.

9 Übermale im Heft a, e, i, o und u in allen Kindernamen.

Dieses Bild wurde vor etwa 130 Jahren gezeichnet. Die meisten Menschen kannten damals noch keinen Fotoapparat.

Dieses Bild stammt aus dem Jahr 1984.

10 Das linke Bild zeigt, wie es früher in einer Familie zuging.
Woran seht ihr, daß es andere Zeiten waren?

11 Welche Unterschiede erkennt ihr auf den beiden Bildern?

12 Denkt euch Überschriften für beide Bilder aus.
Oder schreibt:
Der kleine Toni mit dem Löffel auf dem linken Bild ruft: ...
Thomas auf dem rechten Bild ruft: ...

13 Erfinde zu dem rechten Bild ein Gespräch.
Schreibe so: *Mutter: ...*
Thomas: ...
Spielt dann das Gespräch in der Klasse.

Kinder, wie die…

Die Kinder der Klasse 2a haben Besuch aus dem Altenwohnheim nebenan.

Frau Bender: Unser Lehrer hat immer streng mit uns gesprochen. Wir haben nicht oft gelacht.
Herr Möller: Ich bin jeden Morgen mehr als eine halbe Stunde zur Schule gelaufen.
Tom: Karin und ich fahren zehn Minuten mit dem Bus.
Herr Dobe: Seht mal, so haben wir geturnt.
Anna: Ist ja toll! In solchen Kleidern? Wir turnen ganz anders.

Frau Jäger: Ich bin vor sechzig Jahren zur Schule gegangen. Am liebsten habe ich gesungen.
Simone: Haben Sie auch Streiche gespielt?
Frau Bender: Einmal haben wir unserem Lehrer ein Ei auf den Stuhl gelegt. Er hat sich gesetzt. O je, da war was los!

1 Könntet ihr solchen Besuch auch in eure Klasse einladen? Sprecht darüber.

2 Schreibe ab, was die alten Menschen erzählen.
Oder:
Suche die passenden Wörter aus dem Gespräch. Schreibe eine solche Liste:

sprechen	gesprochen
lachen	ge…
laufen	…
…	gefahren
gehen	…
…	geturnt
singen	…
legen	…

3 Laß dir von älteren Leuten einen Streich aus ihrer Schulzeit erzählen. Erzähle dann der Klasse.

4 Bitte deine Eltern um alte Fotos. Klebe sie auf ein Blatt Papier und schreibe dazu.

… Zeit vergeht

Frau Bender hat ihr altes Poesiealbum mitgebracht. Die Kinder rufen: Das ist aber eine komische Schrift! Frau Bender sagt: So haben wir früher schreiben gelernt.

5 Versucht, den Spruch zu lesen.

Herr Dobe weiß noch einen Spruch:

Tag um Tag
und
Jahr um Jahr,
so
vergeht
die Zeit.
Und
was
morgen
gestern
war,
erleben
wir
noch heut.

6 Lies Herrn Dobes Spruch und lerne ihn mit Trick 2 auswendig.

7 Schreibe Herrn Dobes Spruch auf.
Oder:
Laß dir den Spruch mit Trick 3 diktieren.

8 Schreibe den Spruch aus dem Poesiealbum.

9 Suche andere Sprüche und schreibe sie auf.

Wie die Zeit vergeht

Ein Jahr hat 52 Wochen eine Woche hat 7 Tage ein Tag hat 24 Stunden eine Stunde hat 60 Minuten eine Minute hat 60 Sekunden jede Sekunde bei Tag und Nacht schlägt meine Uhr.

10 Dies sind sechs Sätze. Lest euch gegenseitig die Sätze vor. Überlegt gemeinsam, wo die Punkte fehlen.

11 Schreibe und setze die Punkte. (Achtung! Nach jedem Punkt …) Unterstreiche mit dem Lineal die sieben Namen für Zeit: *Jahr*, …

12 Schreibe die sieben Namen noch einmal.

13 Sagt einander die ABC-Gedichte von Seite 14 auf.

14 Welche drei Buchstaben stehen im ABC nach B, K, D?
Schreibe so: *B C D E*
K …

In der Pause …

Ene
bene
subtrahene
divi
davi
domino.
Eck
Speck
Dreck
und
du
bist
weg.

1 Wie werden die Kinder sich wohl einigen?
Überlegt euch Lösungsvorschläge und sprecht darüber.

2 Schreibe den Streit in **einer** richtigen Reihenfolge ins Heft.
Das ist der Anfang:
Anne: Spielt ihr mit? Katz und Maus, ja?
Unterstreiche die Namen der Kinder blau.

3 Was spielt ihr gern in der Pause?
Erklärt die Spielregeln eurer Lehrerin oder eurem Lehrer.

4 Schreibe den Abzählvers in dein Heft.

Oder: Schreibe einen anderen Abzählvers auf.

1. Nicht in die Klasse rufen!
2. Ausreden lassen!
3. Keine Dauerreden halten!

5 Dies ist eine *Spielregel* für Gespräche.
Gibt es in eurer Klasse noch andere Regeln?
Sprecht darüber.

... spielen

Dieses Spiel heißt *škola* bei den Kindern in Jugoslawien.
Die Kinder in der Türkei nennen es *seksek*.
Wie heißt es bei euch?

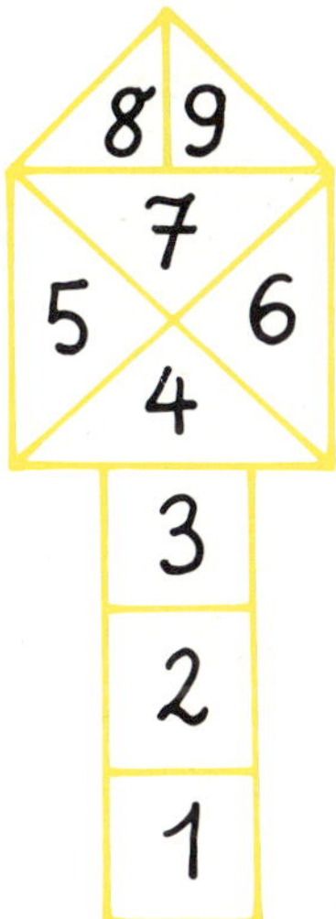

Das ist die Spielregel:

Mit dem rechten Bein von eins bis vier hüpfen, mit beiden Füßen gleichzeitig auf die Felder fünf und sechs, auf sieben wieder mit dem rechten Bein, mit beiden gleichzeitig auf acht und neun. Dort hochspringen und in der Luft umdrehen. Dann genauso zurück.

6 Probiert das Spiel aus. Die Kinder auf dem Foto spielen es mit einem Steinchen. Kennt ihr es auch?

7 Schreibe die Spielregel ab. Kontrolliere mit Trick 4. Male die Hüpfkästchen dazu.
Oder: Erfinde ein anderes Hüpfspiel und schreibe eine Spielregel dazu.

Was Kinder auf dem Schulhof tun

fan ken dan gen sprin ken sin ken win gen hin gen

8 Bei jedem Wort ist die zweite Silbe -gen und -ken vertauscht.
Schreibe richtig. So: *fangen, wir fangen*
danken, . . .

9 → ABC Schreibe aus der Wörterliste alle Wörter, die mit St, st, Sp und sp anfangen. Übermale dann in diesen Wörtern a, e, i, o und u.

10 Welche drei Buchstaben stehen im ABC vor G, D, P, T, K?
Schreibe so: *D E F G*
. . . D

Manche Tiere schlafen …

❶ Der Dachs schläft im Winter tief in der Erde. Manche graben sich fünf Meter tief ein. Er frißt im Sommer so viel, daß er ganz dick wird. Wenn er doch Hunger hat, wacht er auf und sucht sich Futter.

❷ Die Eidechse kriecht unter Blätter, wenn es kalt wird. Da liegt sie ganz steif, bis es warm wird.

❸ Das Eichhörnchen baut sich im Baum ein Nest. Darin schläft es oft eine ganze Woche lang. Wenn im Winter die Sonne scheint, wacht es auf und holt Futter aus einem Versteck.

❹ Der Igel wacht im Winter nicht auf. Er schläft drei bis vier Monate lang. Blätter und Zweige schützen ihn vor dem Wetter.

❺ Der Hamster schläft den ganzen Winter lang in seinem Bau. Erst im Frühling frißt er seine Speisekammer leer.

1 Lies einen Text (oder mehr), bis du ihn vorlesen kannst.

2 Lest euch die Texte in der Klasse vor, damit jeder alle Texte kennt.

3 Schreibe von jedem Text den ersten Satz.
Oder:
Schreibe auf, wo die fünf Tiere im Winter bleiben:
Das Eichhörnchen baut …
Der Igel kriecht …
Der Dachs gräbt …
…

4 Schreibe diese Fragen mit Antworten ins Heft:
- Wann holt sich das Eichhörnchen Futter?
- Wie lange schläft der Igel?
- Wo hat der Hamster sein Futter?

5 Wie bekommen die Tiere unter der Erde Luft zum Atmen?

... im Winter

Rätsel

Welches von den fünf Tieren ist hier gemeint?

Mein Tier schläft unter der Erde.
Es wacht nur auf, wenn es Hunger hat.
Beim Winterschlaf rollt es sich ein.
Es ist der .....!

6 Schreibe das Rätsel ab.
Oder:
Suche eins von den anderen vier Tieren aus. Schreibe selbst ein Rätsel auf.
Du mußt immer das richtige Satzende nehmen.

Mein Tier schläft – unter der Erde. / auf der Erde. / über der Erde.

Es wacht nur auf, – wenn es Hunger hat. / wenn es warm ist.

Beim Winterschlaf – rollt es sich ein. / wird es ganz steif.

Rätsel

In Wald und Garten lebt ein Tier,
das macht im Winter zu die Tür.
Geht es im Frühling wieder aus,
bleibt es doch immer halb zu Haus.

Josef Guggenmos

7 Lies das Gedicht vor.
Lerne es mit Trick 2 auswendig.
(Trick 2 steht auf Seite 10.)
Oder:
Schreibe das Gedicht ab.
Unterstreiche die sieben Namen, die vorkommen.

Rätsel

Armer Hose

Ein kleiner Hose lief durch den Wild. Der Wand heulte über den Burg. Die Lift war kalt. Schwarze Wolken zogen über den Hammel. Der kleine Hose dachte: Viele Tiere machen Winterschlaf. Nur der arme kleine Hose muß in die Hosenschale.

8 Bei den unterstrichenen Namen sind a, e, i, o oder u vertauscht.
Schreibe so: *Hose – Hase*
Wild – Wald

9 Schreibe die Geschichte mit den richtigen Namen ab.
Kontrolliere mit Trick 4.

a, e, i, o und u nennt man Selbstlaute.
b, d, f, g und die anderen nennt man Mitlaute.
Sprich die Laute laut. Dann hörst du, warum sie so heißen.

Weißer Winter ...

1 Schreibe in dein Heft, was sich Peter wünscht. So: *glattes Eis, ...*
(Paß auf! Ein Wort wird immer groß geschrieben.)

2 Unterstreiche in Peters Wünschen alle Wörter, die Namen sind.

> Alle Menschen, Tiere, Pflanzen und Dinge haben Namen.
> Alle Namen nennt man Namenwörter.

Drei Lügen

Die Namen von Tieren sind Namenwörter.
Namenwörter können wir essen.
Alle Namen von Pflanzen sind Namenwörter.
Menschennamen sind immer Namenwörter.
Alle Wörter, die mit Winterwetter zu tun haben, sind Namenwörter.
Namenwörter schreibt man manchmal groß und manchmal klein.

3 Drei Sätze sind gelogen. Sprecht darüber.

4 Schreibe die drei wahren Sätze.

Oder: Suche für jeden wahren Satz zwei oder mehr Namenwörter aus der Wörterliste. → ABC
Schreibe so: *Tiere: Vogel, ...*

> Namenwörter schreibt man immer groß.

… kalte Nasen, rote Ohren

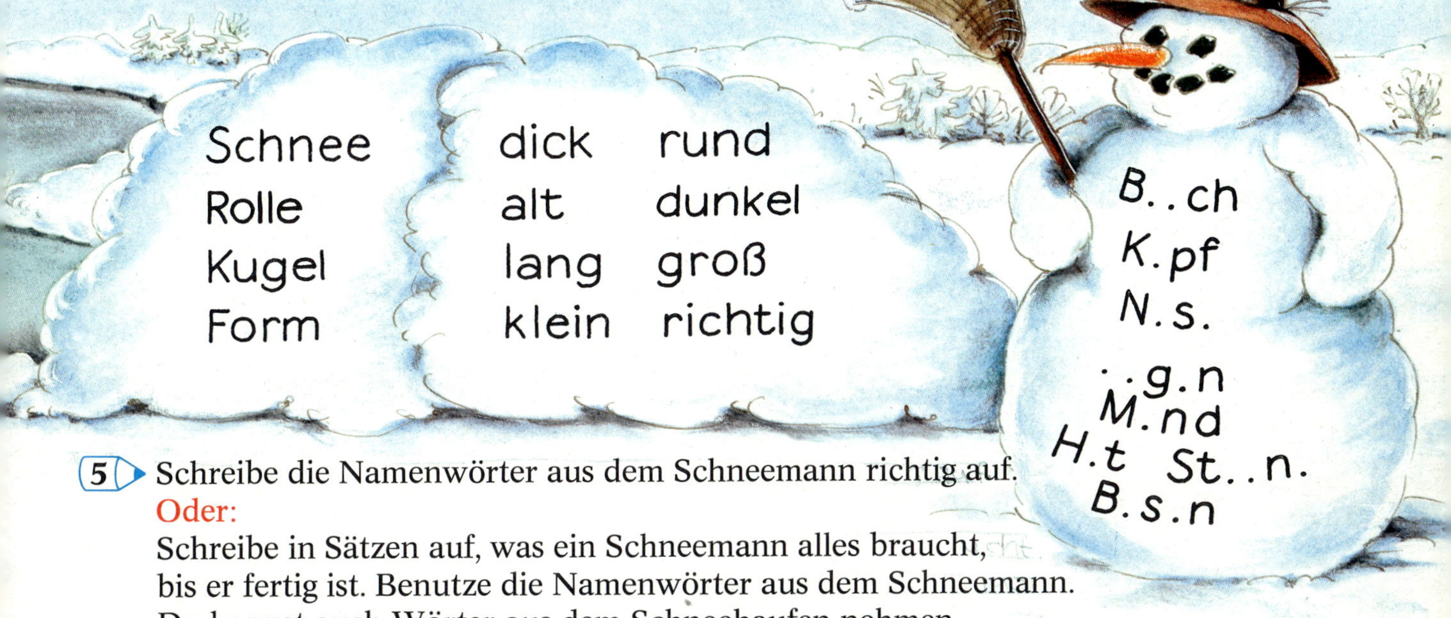

5 Schreibe die Namenwörter aus dem Schneemann richtig auf.
Oder:
Schreibe in Sätzen auf, was ein Schneemann alles braucht, bis er fertig ist. Benutze die Namenwörter aus dem Schneemann. Du kannst auch Wörter aus dem Schneehaufen nehmen.

Kommet all und seht,
vor dem Hause steht ein dicker Mann und lacht,
der ist aus Schnee gemacht.
Einen blauen Topf
trägt er auf dem Kopf, das ist sein neuer Hut,
und der gefällt ihm gut. Hans Poser

6 Lies das Gedicht und lerne es mit Trick 2.
Oder: Schreibe das Gedicht auf ein großes Blatt und lerne es mit Trick 2.

Frank	Meine Finger sind steif.	Ich habe steife …
hat	Meine Nase ist rot.	Ich habe eine …
genug	Meine Ohren sind kalt.	Ich habe …
vom	Meine Stiefel sind zu glatt.	Ich habe zu …
Winter:	Mein Husten ist schlimm.	Ich habe einen …

7 Schreibe auf, was Frank sagt.
Oder schreibe so:
Wie sind Franks Finger? Seine Finger sind ganz steif.
Wie ist Franks Nase? Seine Nase ist ganz …

8 Diktiert euch gegenseitig mit Trick 3 die Namenwörter aus dem Schneemann.

Ja, ...

Übungen.

i u e ei eu o a au
i u e ei eu o a au

n m s l f sch r w
n m s l f sch r w

in um ein neun eine seine fein wo
scheine so am mal er wer mir nur

t k p z b d
t k p z b d

g h ü ö ä äu
g h ü ö ä äu

weit kein kam zur bei da du gut heut
für schön höre löse wäre schäle laut
läute kaufe der den dem bat rate

Dies ist eine Seite aus einem alten Schulbuch.

So ging es früher in der Schule zu:
Die Kinder in der zweiten Klasse sollten als Hausaufgabe lesen üben.
Fünf Kinder haben heute beim Lesen gestottert: Luise, Friedrich, Karl-August, Elfriede und Wilhelm.
Ihre Entschuldigungen waren nicht gut. Der Herr Lehrer hat sie bestraft.

1 Frage alte Leute oder deine Großeltern, ob sie sich an ein Erlebnis mit einem strengen Lehrer erinnern. Schreibe eine kleine Geschichte dazu.

2 Lies die **Wörter** aus dem alten Schulbuch laut vor, ohne einen einzigen Fehler. Natürlich im Stehen, wie das früher üblich war.

3 Schreibe alle sechzehn Mitlaute mit großen und kleinen Buchstaben.

Schule im Jahr 1885

Jedes Kind muß eine Schiefertafel haben, zwei spitze Griffel, ein Schwämmchen mit Dose und einen Tafellappen. Die Jungen tragen Hose, Hemd, Jacke und Mütze. Die Mädchen tragen lange Kleider. Viele haben Halstücher und häufig schöne Schleifen im Haar.

4 Schreibe die Namen aller fünf Schreibgeräte. So: *Schreibgeräte: ...*

5 Schreibe die Namen aller sieben Kleidungsstücke. So: *Kleidungsstücke: ...*

Selbstlaute können zu Umlauten werden.

Selbstlaut	a	o	u	au
Umlaut	ä	ö	ü	äu

6 Schreibe Paulines Spruch richtig auf.

7 Schreibe alle Wörter mit Umlauten aus dem Text *Schule im Jahr 1885.*

... HERR LEHRER

Erinnerung an das Schuljahr 1885

Entschuldigungen früher	Strafen früher
• Kartoffeln ernten	• Schläge auf den Popo oder auf die Hand ertragen
• auf dem Acker helfen	• vor der Tür an der Wand stehen
• Gänse hüten	• drei Seiten Strafarbeit schreiben
• Kühe treiben	• am Abend eine Stunde nachsitzen
• im Stall helfen	• mit dem Rücken zur Klasse in der Ecke stehen

8 Schreibe alle unterstrichenen Namenwörter in der Tabelle so:
der Popo – die Popos
die Hand – ... → ABC

9 Suche dir zwei Entschuldigungen und zwei Strafen, dazu zwei Kindernamen von Seite 42 rechts oben.

Oder: Suche dir vier Entschuldigungen und vier Strafen, dazu vier Kindernamen von Seite 42 rechts oben.

Schreibe jedesmal so: *Lehrer: Warum hast du nicht genug geübt?*
...: Ich mußte ..., Herr Lehrer.
Lehrer: Zur Strafe mußt du ...

Achtung! Am Ende einer Frage steht immer ein Fragezeichen.

10 Spielt die Gespräche. Wenn Kinder mit dem Lehrer reden, müssen sie aufstehen und neben die Bank treten.

Kai: Hier! Das Buch habe ich zum Geburtstag gekriegt!
Lisa: Das ist bestimmt lustig. So ein komisches Datum!
Kai: Ja, der Mai hat bloß 30 Tage.
Lisa: Nein, 31!
Kai: Woher willst du das wissen?
Lisa: Ich weiß einen Kniff. Guck mal!

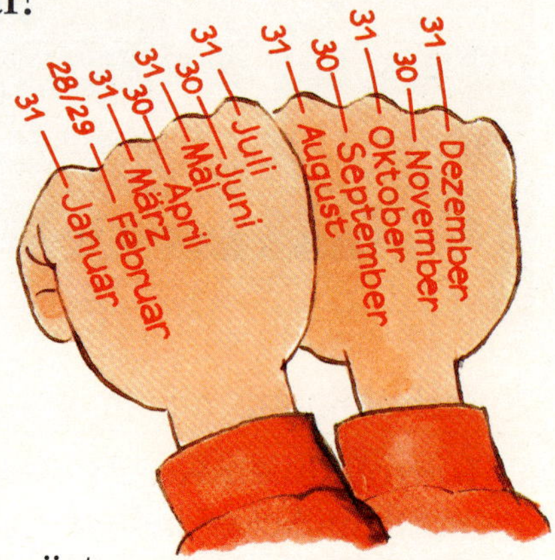

1 Lest den Text zu zweit vor. Erklärt den Kniff.

2 Schreibe die Namen der Monate in dein Heft.
Beginne mit dem Januar.
Denke daran: Auch Monatsnamen sind Namenwörter.

3 Lerne die Monate auswendig.

4 Macht ein Fragespiel:
Wie heißt der dritte Monat nach deinem Geburtstag?
Wie viele Tage hat er?
Wie heißt der Monat vor . . . ? (Denkt an Lisas Kniff.)

Oktobruar *Sepli*

Juvember *Fenigust* *Dezempril*

5 Lies die verdrehten Monate erst langsam, dann immer schneller.

6 Schreibe die Unsinn-Monate mit Trick 1 ab.
Kontrolliere mit Trick 4.

Oder: Erfinde andere lustige Monatsnamen und schreibe sie auf.

ŞUBAT
FEBBRAIO
VELJAČA

MÄRZ

MART
MARZO
OŽUJAK

Dieser Kalender hängt in der Klasse 2c.

7 Bringt andere Kalender mit. Sprecht darüber.

der Kalender
der Tag
die Woche
der Monat
das Jahr
der Frühling
der Sommer
der Herbst
der Winter

8 Schreibe so:

der	die	das
der K...	...	...

Die Blätter an meinem Kalender,
die sind im Frühling klein
und kriegen goldene Ränder
vom Märzensonnenschein. Peter Hacks

9 Lies den Vers und lerne ihn mit Trick 2
Oder: Schreibe den Vers ins Heft.

Wörterrätsel

10 Im Wörterrätsel steht waagerecht ein langes Wort. Schreibe es.

11 An dem langen Wort hängen senkrecht zehn andere Wörter. Fünf Wörter fangen mit st an, fünf fangen mit sp an. Aber bei allen fehlen diese Anfangsbuchstaben.
Schreibe alle zehn Wörter richtig ins Heft.

12 Übermale alle Selbstlaute und den einzigen Umlaut rot.

APRIL
NİSAN
APRILE
TRAVANJ

MAI
MAYIS
MAGGIO
SVIBANJ

JUNI
HAZİRAN
GIUGNO
LIPANJ

AĞUSTOS
AGOSTO
KOLOVOZ

JULI

TEMMUZ
LUGLIO
SRPANJ

Gekonnt ist ...

Die Lehrerin kommt mit Mario zur Tür herein. Die Kinder in der Klasse schauen Mario an. Alle lachen. An seiner Jacke haften lauter Sachen: eine Schere, ein Nagel, ein Ring, ein Stück Seife und ein Messer.
Dieter ruft:
Wie macht er das?
Die Lehrerin sagt: Nicht geklebt und nicht genäht!
Cordula und Thomas meinen: Wir wissen, wie das geht.
Aber warum fällt die Seife nicht ab?
Die Lehrerin antwortet: An der Seife ist ein Stück Eisen.
Thomas ruft: Wir wissen, was Mario in seiner Jacke hat!

1 Kannst du das Geheimnis erklären?

2 Schreibe auf, was an Marios Jacke haftet. So:
An Marios Jacke haftet eine Schere.
An Marios Jacke haftet ...
Oder:
Schreibe drei Fragen an Mario und die Antworten dazu.
(Denke daran: Am Ende einer Frage steht ein Fragezeichen.)
Frage: Ist ... festgenäht?
Antwort: ...
Frage: Hast du ... angeklebt?
Antwort: ...
Frage: Ist ... aufgehängt?
Antwort: ...

Was Mario alles kann

Mario ist das Kind einer Artistenfamilie. Er tritt auch im Zirkus auf.
Nur drei Tage kann Mario in der Klasse bleiben. Dann zieht der Zirkus weiter.

Mario kann nicht nur Kunststücke mit Magneten:

Mario kann auch	mit dem Fahrrad auf **einem** Rad	fahren
	auf einem Seil aus Draht	gehen
	über zehn Kinder	springen
	auf einem Bären	reiten
	mit sehr tiefer Stimme	sprechen

3 Was kann Mario alles?
Schreibe so:
fahren, ...
Benutze Trick 1.

Oder: Schreibe in Sätzen auf, was Mario alles kann. So:
Mario kann mit dem Fahrrad auf einem Rad fahren. Mario ...

… gekonnt

Silke und Michael
basteln ein Angelspiel.
Das ist ganz leicht.

4 Schau dir die Bilder 1 bis 3 an.
Erkläre, wie Silke und Michael das
Spiel basteln.

5 Schreibe so:

Das Angelspiel
Silke schneidet den … ab.
Michael packt … ein.
Silke bindet …

Oder schreibe so:

Bastelanleitung für ein Angelspiel
Du brauchst …
Schneide …
Packe …
Binde …

6 Schreibe auf, welche Gewinne es gibt:
ein Pferd, eine …

7 Wer hat was gefangen?
Schreibe vier Sätze so:
An Marions Angel hängt das Schiff.
An Michaels Angel hängt die …

Namenwörter
können Begleiter haben:
der, die, das

Mutter
Bruder
Mädchen
Vater
Kind
Bauch
Lehrerin
Frau
Auto
Pferd

8 Diktiert euch gegenseitig die Namenwörter
mit den richtigen Begleitern.
Jeder diktiert fünf Namenwörter.
Macht es mit Trick 3.

9 Warum zeigt die Nadel in einem
Kompaß immer nach Norden?

Flieger...

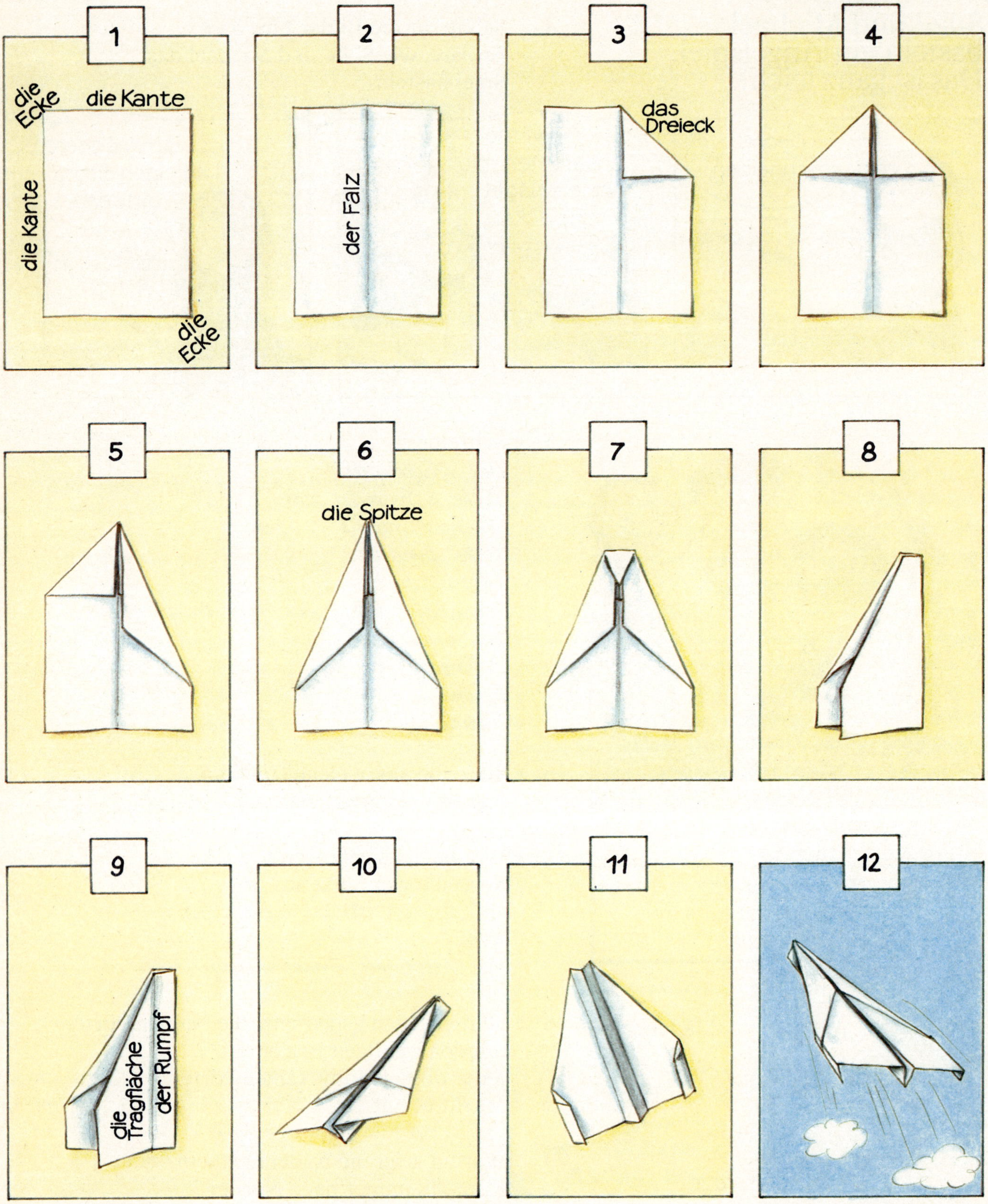

1
die Ecke
die Kante
die Kante
die Ecke
2
der Falz
3
das Dreieck
4
5
6
die Spitze
7
8
9
die Tragfläche
der Rumpf
10
11
12

... *segeln, taumeln, sausen*

Auf der linken Seite siehst du einen Text in Bilderschrift.
Du kannst die zwölf Bilder wie einen Text lesen.
Lies mal, wie man einen Papierflieger faltet:
Zwölf Arbeitsschritte sind nacheinander zu tun.

1 Falte den Flieger. Helft euch gegenseitig.

2 In den Bildern stehen sieben Spezialwörter.
Erkläre sie an deinem Flieger.

3 Macht ein Rätselraten. So: Ein Kind zeigt eine Stelle am Flieger.
Ein anderes Kind sagt das Spezialwort.

4 Probiert den Flieger auf dem Hof aus.

5 Sagt bei allen Fliegern, wie man den Flug nennen kann.
Neue Spezialwörter findest du in Spalte 4 der folgenden Tabelle.

1	2	3	4	5
Katrin	sagt: ruft: meint: lacht: schreit: weint:	Mein Flieger	segelt gleitet schwebt taumelt schießt saust	durch die Luft.

6 Schreibe drei Sätze aus dieser Tabelle. Wähle Vornamen aus deiner Klasse.
Oder: Schreibe fünf Sätze aus dieser Tabelle. Wähle Vornamen aus deiner Klasse.
Kontrolliere mit Trick 4.

7 Sechs Wörter sagen, was Kinder tun.
Schreibe so: *sagen – sie sagt*
rufen – ...
Übermale alle Selbstlaute rot, auch alle ei.

8 Ordne die sieben Spezialwörter aus den Bildern nach dem ABC.
Schreibe diese Wörter mit dem Begleiter auf.

9 Probiere aus, wie du deinen Flieger verbessern kannst.
Oder: Falte einen ganz anderen Flieger. Führe ihn der Klasse vor.

Menschen sprechen…

Petra spricht mit Mäxchen:

Hierher, Mäxchen!
Mäxchen wedelt mit dem Schwanz. (Er meint: Prima, sie spielt mit mir!)
Komm sofort hierher, oder muß ich dich holen?
Mäxchen klopft mit dem Schwanz auf den Boden. (Er meint: Tu's doch! Das wird ein tolles Spiel.)
Du, mach mich nicht wütend!
Ich zähle bis drei,
dann hole ich dich!
Eins, zwei, drei!
Mäxchen legt die Ohren eng an den Kopf. (Er meint: Du machst mir angst.)
Nun hab' ich dich! Los, an die Leine!
Wir gehen nach Hause!
Mäxchen läßt den Schwanz hängen. (Er meint: Das wird ja wieder langweilig.)

1 Schreibe ins Heft, was Petra zu Mäxchen sagt.
Denke bei schwierigen Wörtern an Trick 1.
Lies dann aus deinem Heft so vor, daß man Petras Ärger hört.
Oder:
Schreibe so: *Mäxchen wedelt mit dem Schwanz.*
Das soll heißen: Prima, sie spielt mit mir!
Mäxchen klopft …

Das will Mäxchen lieber tun:

über den Zaun springen - im See baden - dreimal ums Haus rennen - den Stock bringen - den gelben Ball fangen - tollen Krach machen - quer durch den Garten sausen - auf dem Rücken rollen

2 Schreibe acht Sätze.
So: *Mäxchen springt gerne über den Zaun.*
Er badet gerne …

3 Schreibe fünf Namenwörter mit dem Begleiter aus Aufgabe 2. So:
der Zaun, das …

Oder: Schreibe auf, wie diese Dinge heißen, wenn sie ganz klein sind:
Zaun Haus Stock Ball Garten
Schreibe so: *der Zaun – das Zäunchen*

4 Was will der Hund sagen, wenn er den Kopf auf die Erde legt und den Popo in die Höhe reckt?

… Tiere sprechen

bellen miauen jaulen schnuppern fauchen winseln
klettern laufen tapsen schnurren kratzen niesen knurren
vergraben wedeln springen schleichen jagen hecheln betteln

5 Schreibe mit diesen Wörtern zwei lange Listen ins Heft.
Manche Wörter brauchst du zweimal.

Was Hunde tun	Was Katzen tun
b …	*m …*

Oder: Schreibe vier Listen. So:

So sprechen Hunde	So sprechen Katzen	So bewegen sich Hunde	So bewegen sich Katzen
b …	*m …*	*w …*	*kl …*

Katzenwäsche

Die Katze leckt den Rücken,
die Katze putzt den Bauch,
sie säubert sich die Ohren
und wäscht die Pfoten auch.

Sie reinigt die vier Beine,
pflegt auch die kleinste Stell',
mit ihrer rauhen Zunge
kämmt sie das ganze Fell.

6 Schreibe das Gedicht ab. Unterstreiche die sieben Wörter rot,
die sagen, was die Katze tut.

7 Lerne das Gedicht mit Trick 2 auswendig.

Was keine Katze auf der Welt kann

aus ab ein weg mit

kaufen lesen singen fliegen rechnen schreiben sprechen lachen zahlen waschen fallen

8 Schreibe zuerst die Überschrift und dann sieben Sätze.
So: *Keine Katze auf der Welt kann einkaufen.*
Keine Katze auf der Welt kann …

9 Sage fünfmal ganz schnell: Die Katze tritt die Treppe krumm.

Gartenarbeit...

Volker schaut seiner Mutter zu. Sie schneidet Ableger von der großen Buntnessel ab. Sie stellt die Ableger in kleine Gläser mit Wasser.

Volker: Können die Stengel groß werden? Sie haben ja gar keine Wurzeln.

Mutter: Warte ein paar Tage. Dann siehst du, daß ganz kleine Wurzeln aus dem Stengel wachsen. Später pflanze ich die kleinen Buntnesseln in Blumentöpfe.

Volker: Du, darf ich einen Ableger mit in die Schule nehmen?

Mutter: Natürlich. Such dir einen aus. Stell das Glas ans Fenster. Die Buntnessel braucht Wasser und Licht. Dann wächst sie schnell.

1 Lest die Geschichte zu dritt: Volker, Mutter, Erzähler.

2 Sprecht über die Geschichte.

3 Schreibe die ersten drei Sätze ab.
Oder:
Schreibe die ersten drei Sätze so, wie Volker in der Klasse erzählt: *Ich habe ...*
} Kontrolliere mit Trick 4.

4 Schreibe diese Namenwörter mit dem richtigen Begleiter ins Heft:
Blume, Fenster, Mutter, Schule, Wasser, Licht, Tag

Oder: Suche alle Namenwörter aus der Geschichte und schreibe sie mit dem Begleiter ins Heft.

5 Schreibe so ins Heft:

schauen	*er schaut*
schneiden	*sie ...*
...	*sie stellt*
brauchen	*sie ...*
...	*sie wächst*

… am Fensterbrett

Aufträge für Klassengärtner

Fülle Erde in einen Blumentopf.	Stelle den Ableger in ein Glas mit Wasser.	Pflanze den Ableger ein.	Drücke die Erde leicht an.	Gieße jeden Tag.	Warte, bis sich am Ableger Wurzeln bilden.

6 Schreibe diese Aufträge in der richtigen Reihenfolge ab.

Oder: Erfinde andere Aufträge für die Kinder in der Klasse. Schreibe so:
Wisch die Tafel ab.
Öffne …

7 Stummes Spiel: Schreibt euch gegenseitig Aufträge auf und führt sie aus, ohne zu sprechen.

Zeitwörter (Tunwörter) sagen, was man tut und was geschieht.
Zeitwörter (Tunwörter) werden klein geschrieben.

Drei Lügen

Zeitwörter sagen, was jemand tut.
Zeitwörter sind immer schwarz gedruckt.
Die meisten Wörter sind Zeitwörter.
Zeitwörter sagen, was geschieht.
Zeitwörter sagen, was man machen kann.
Zeitwörter sagen, wie spät es ist.

schlagen flitzen laufen gehen denken bauen sausen schwimmen hauen arbeiten

8 Drei Sätze sind gelogen. Sprecht darüber.

9 Schreibe die drei wahren Sätze.
Oder:
Schreibe die drei wahren Sätze und alle Zeitwörter, die in den Aufträgen für Klassengärtner vorkommen.
Schreibe so: *füllen, …*

Kontrolliere mit Trick 4.

Wörter suchen Arbeite mit einem Partner. Sucht in der Wörterliste. → ABC

10 Schreibe alle sieben Zeitwörter mit dem Anfangsbuchstaben r und alle vier mit dem Anfangsbuchstaben z.

Oder: Schreibe alle sieben Zeitwörter mit dem Anfangsbuchstaben t und alle zehn mit dem Anfangsbuchstaben f.

11 Warum stirbt ein Kaktus nicht, wenn er einige Wochen nicht gegossen wird?

PROGRAMM Kindersendungen am Nachmittag

● 1. Programm
16 Uhr Banjo, die kleine Katze
Zeichentrickfilm
Der Film erzählt die Geschichte vom Kater Banjo, der auf dem Lande lebt. Eines Tages springt er auf einen Lastwagen und fährt in die Stadt.

● 2. Programm
15.30 Uhr Bill Bo und seine Kumpane
4. Die Falle. Ein Spiel der „Augsburger Puppenkiste".
Ding-Dings Freunde haben eine Idee, wie sie Bill in eine Falle locken können.

16 Uhr So ein Tierleben
Klaus Havenstein zeigt heute ein Schimpansenbaby, das eine junge Amerikanerin neben ihrem eigenen Baby großzieht.
Außerdem zu sehen: Delphine und der Papagei Chico als Drachenflieger.

● 3. Programm
14.30 Uhr Der König von Dingsda
Eine wahre Geschichte
Eines Tages, als Lehrer Meier zur Schule geht, läßt ein kleiner, goldener Vogel etwas auf seinen Kopf fallen.
Und schon ist Herr Meier König in Dingsda. In der Schule sitzen die Kinder und warten und warten . . .

16 Uhr 1, 2 oder 3
Ratespiel für Kinder
Durch die Sendung führt Michael Schanze.

1 Lest euch gegenseitig die Beschreibungen aus dem Fernsehprogramm vor. Welche Sendung würdest du am liebsten sehen? Warum?

2 Wenn du eine der Sendungen kennst, erzähle davon.

3 Drei Sendungen beginnen zur gleichen Zeit am selben Tag. Spielt ein Streitgespräch, welches Programm eingeschaltet werden soll.

4 Schreibe die Fernsehgeschichte *Der König von Dingsda* zu Ende.

Tobias sitzt vor dem Fernseher. Über zwei Stunden schon.
Mutter: Sitz doch nicht immer so lange vor dem Fernseher!
Tobias: Mm . . .
Mutter: Tobias, du machst jetzt den Kasten aus!
Tobias: Ja, gleich. Es ist gerade so toll.
Mutter: Ich habe gesagt, du sollst jetzt ausstellen!
Tobias: Immer, wenn es am schönsten ist.
Mutter: Hör nun endlich!

5 Lest das Gespräch mit verteilten Rollen. Laßt die Mutter immer strenger werden. Wie könnte das Gespräch weitergehen?

6 Schreibe, was die Mutter zu Tobias sagt. (Achtung! Vergiß nicht die Ausrufezeichen: !)

Oder: Schreibe die Aufforderungen der Mutter. Erfinde dann andere. So:
Sitz doch . . .! Du machst jetzt . . .!
Du sollst . . .! Geh sofort . . .!

… unmöglich!

Jedes Zeitwort hat einen			ich	hör	e	wir	hör	en
Wortstamm, der	hör	en	du	hör	st	ihr	hör	t
immer gleichbleibt.			er/sie/es	hör	t	sie	hör	en

sitzen ● machen ● sagen ● stellen ● bringen ● rollen ● legen
lachen ● singen ● gehen ● kommen

7 Schreibe die Zeitwörter. Unterstreiche immer den Wortstamm.
Übermale alle Selbstlaute.

8 Schreibe jetzt so: *er sitzt, er macht, er …* → ABC

Tobias ist ein unmöglicher Junge. Im Unterricht tut er am liebsten, was verboten ist:

schr …,
Türen schl …,
durch die Klasse r …,
schl …,
über den Stuhl spr …,
mit fremden Sachen sp …

9 Schlage die fehlenden Wörter in der Wörterliste nach. → ABC
Schreibe so: *Tobias ist unmöglich.*
Die Lehrerin ruft:
Schrei nicht!
Schlag …
(Achtung! Vergiß nicht das Ausrufezeichen am Schluß.)

Tobias träumt:  Alles wird ganz klein.

Apfel-Äpfelchen   Arm-Ärmchen   Auge-Äuglein
Ball-Bällchen   Bahn-Bähnchen   Bauch-Bäuchlein

10 Diktiert euch die Namenwörter gegenseitig. Jeder schreibt sechs Wörter.
Macht es mit Trick 3. Übermale alle Umlaute.

Zeichen geben...

Das Schild mit dem P sagt:

Hier kann man parken.

Das runde Schild mit dem Pfeil sagt:

Hier muß man nach rechts fahren.

Die Ampel mit dem roten Licht sagt:

Hier muß man halten.

Die beiden Schilder mit den Figuren sagen:

Achtung! Hier gehen Menschen über die Straße.

1 Schreibe die vier Erklärungen in dein Heft.

Oder: Erfinde selbst solche Sätze für vier andere Schilder.

Manche Schilder verbieten etwas. Welches Schild sagt:

Hier darf man nicht rauchen. ?

2 Male selbst Schilder in dein Heft. Sie sollen sagen:

Hier darf man kein Feuer machen.	Hier darf man kein Eis essen.	Hier dürfen Hunde nicht hinein.

Schreibe zu jedem Schild im Heft die Erklärung.

3 Spielt in der Klasse „Nur mit den Händen reden“: Dabei machst du einem anderen nur mit deinen Händen klar, was er tun soll:

zu dir kommen – nach rechts gehen – nach links gehen
stehenbleiben – ein Stück zurückgehen
sich umdrehen – keinen Ton von sich geben – hochspringen

… *und verstehen*

Maren bleibt im . Ihr 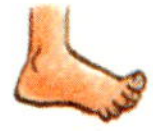 tut weh. Sie sitzt am Fenster und malt auf, was es draußen zu sehen gibt. Pits  springt über den  und freut sich auf . Mieze sucht im . Da kommt ein . Er fliegt in den . Mieze saust ihm nach. Ob sie ihn fängt?

4 Lies den Text, bis du alles verstanden hast.
Male dazu eine Bildergeschichte mit drei Bildern.

5 Suche die Wörter für die acht kleinen Bilder in der Wörterliste. → ABC
Ordne sie nach dem ABC.
Oder schreibe so:
das Haus – die Häuser
der …   – die …
Kontrolliere mit Trick 4.

6 Schreibe den richtigen Text zu deiner Bildergeschichte.

7 Finde die Zeitwörter im Text und schreibe sie ins Heft.
Übermale dann alle Selbstlaute rot.
Schreibe so:

Was die Katze tut	*Was der Vogel tut*
sie spr…	*er…*

Oder: Schreibe so eine Liste:
sie springt – springen
er …   – …

8 Schreibe die Namenwörter aus dem Wörterrad mit den Begleitern. So:
der Mund – die Münder
…   …   → ABC
Übermale dann alle d in den Namenwörtern blau.

Kind, Sand, Mund, Wind, Hund, Wand, Hand, Land

Oder: Ordne die Namenwörter aus dem Wörterrad so, daß immer nur ein Buchstabe anders ist.
Mund
Hund
H…

9 Sucht die passenden Namenwörter in der Wörterliste und diktiert sie euch gegenseitig. → ABC Macht es mit Trick 3.

10 Was findest du über dieses Verkehrszeichen heraus?

Sechsundachtzigtausendvierhundert …

Rätsel

Wie heißt das Ding dort an der Wand?
Es schlägt und hat doch keine Hand,
es hängt und geht doch fort und fort,
es geht und kommt doch nicht vom Ort.

1 Lerne das Rätsel auswendig.

2 Schreibe es auf ein Blatt und male oder klebe Bilder dazu.

Oder: Schreibe alle Namenwörter aus dem Wörterrad.
So: *Eieruhr, …*
Klebe Bilder dazu auf.

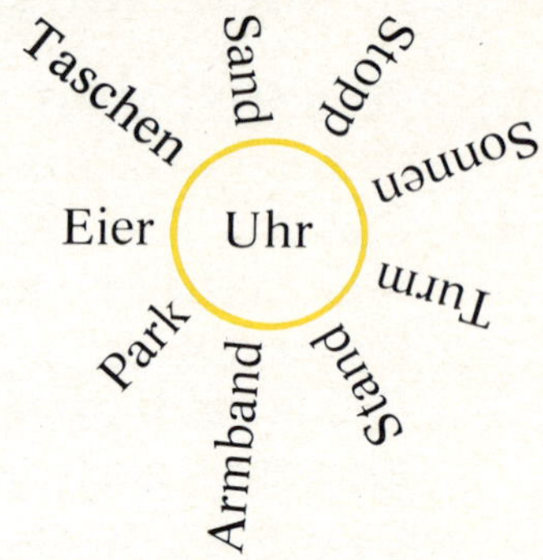

Kasper und Seppel

Kasper, steht die Uhr da?
    Natürlich, da steht sie doch immer.
Ach Kasper, <u>geht</u> die Uhr denn nicht?
    Nein, sie bleibt hier!
Aber Kasper, <u>läuft</u> deine Uhr nicht mehr?
    Das hat sie doch noch nie getan.
O Kasper, <u>schlägt</u> sie auch nicht?
    Hast du etwa Angst?
NEIN! Aber deine Uhr ist kaputt!

3 Lies das Gespräch erst allein, dann mit einem Partner. Spielt es der Klasse vor.

4 Schreibe Seppels Fragen auf. Es sind vier. (Denke daran: Am Ende einer Frage steht immer ein Fragezeichen.)

5 Schreibe vier Sätze. So:
Kaspers Uhr ist kaputt.
Sie kann nicht mehr …
Die unterstrichenen Zeitwörter helfen dir dabei.

6 In welchem Märchen versteckt sich jemand in der Uhr? Erzähle davon.

... Sekunden sind nur ein Tag

Pits Schulweg dauert 1440 Sekunden

rennen	an Mayers Zaun entlang
bummeln	quer über die Wiese
hüpfen	am Schäferhund Bello vorbei
laufen	durch den Sandkasten
flitzen	über die Brücke
schleichen	an den Kinobildern vorbei
gehen	hinter anderen Kindern her

7 Spielt euch vor, wie Pit sich bewegt. Sprecht darüber.

8 Ordne die sieben Zeitwörter – von langsam bis ganz schnell, dann umgekehrt.

Oder: Schreibe sieben Sätze von Pits Schulweg. Laß ihn ganz langsam anfangen und immer schneller werden.

9 Schreibe mit den sieben Zeitwörtern andere Sätze von Pit.
So: *Pit rennt. Warum rennt Pit?*
Pit b... Warum ... Pit?

So ein Schreihals!

1	2	3	4	5
Pit	sitzt	im Bett		Hilf mir!
Kasper	fährt	im Bus		Es brennt, kommt schnell!
...	steht	in der Badewanne		Sucht meine Brille!
...	läuft	auf der Straße	und schreit:	Spiele nicht mit Geld!
...	geht	im Garten		Stellt den Regen ab!
...	singt	in der Klasse		Macht die Schule zu!
...	springt			

10 Schreibe drei Sätze, die dir gefallen. Benutze dafür alle Spalten der Tabelle.

Oder: Schreibe zwei Sätze, die wahr sein könnten. Schreibe dann drei Unsinn-Sätze.

Kontrolliere mit Trick 4.

Achtung! Vergiß das Ausrufezeichen nicht!

11 Schreibe alle Wörter aus Spalte 2 der Tabelle.
So: *er sitzt – sitzen*
sie fährt – fahren
...

Unterstreiche dann den Wortstamm.
So: *er sitzt – sitzen*
sie fährt – fahren
...

Eine ver-rückte …

1 Schreibe so:

Der Stuhl muß in die Wohnung.
Das Bücherregal muß ins …
Die Badewanne …
Das Kinderbett …
Der Herd …
Das Telefon …

Oder schreibe so:

Der Stuhl gehört nicht vor das Haus, sondern in die Wohnung.
Das Bücherregal gehört nicht ins Bad, sondern …
Die Badewanne …
Das Kinderbett …
Der Herd …
Das Telefon …

Richtig oder falsch? Schau dir das Bild oben an.
In der Längswand des Wohnzimmers ist ein Fenster.
Bei der Küche ist die Breite so blau wie die Höhe.
Die Längen von Wohnzimmer und Schlafzimmer sind gleich.
Die Höhe der Diele und die Höhe der Küche sind gleich.
Die Breite des Wohnzimmers und die Höhe des Wohnzimmers sind nicht gleich.
Die Länge des Wohnzimmers ist frecher als die Breite des Kinderzimmers.

2 Schreibe die Sätze. Schreibe jedesmal dahinter: *richtig* oder *falsch*.
Drei Sätze sind richtig, drei sind falsch.
Übermale alle neun Umlaute.

... Wohnung

Sofa	Teller	Tisch	Zimmer	Gabel	Eimer
König	Bett	Flugzeug	Schiff	Stuhl	
Tür	Fenster	Tasse	Wand	Messer	Telefon

3 Schreibe aus dem Kasten vierzehn Namen von Sachen, die es in fast jeder Wohnung gibt.

Oder: Schreibe aus dem Kasten vierzehn Namen von Sachen, die es in fast jeder Wohnung gibt. Unterstreiche vier Namen für Küchensachen einmal blau, vier Namen für Möbel zweimal blau.

Schreibe mit Trick 1. Kontrolliere mit Trick 4.

Namenwörter gibt es in der Einzahl und in der Mehrzahl.
Auch die Begleiter gibt es in der Einzahl und in der Mehrzahl.

4 Schreibe alle Namenwörter aus dem Kasten in eine Tabelle. So:
→ ABC

Einzahl	*Mehrzahl*
das Sofa	*die Sofas*
der Teller	*die Teller*
der Tisch	*die Tische*
die Gabel	*die Gabeln*
...	...

Tätigkeiten und Eigenschaften

arbeiten eng lesen kalt malen spielen
fernsehen warm kochen teuer dunkel

5 Schreibe so:
Das kann man in der Wohnung tun: fernsehen, ...
So kann eine Wohnung sein: eng, ...

Oder: Ordne erst alle Zeitwörter nach dem ABC. Ordne dann alle Wörter für Eigenschaften nach dem ABC. Schreibe dann so:
Das kann man in der Wohnung tun: ...
So kann eine Wohnung sein: ...

6 Diktiert euch gegenseitig die letzten acht Wörter aus dem Kasten oben. Jeder diktiert vier Wörter. Macht es mit Trick 3.

7 Spielt Möbel-Raten.
Einer fängt an: Mit meinem Möbelstück kann ich essen, spielen und sitzen. Es ist hart und braun. – Jetzt müssen die anderen raten.
Spielregel: Jeder darf nur sagen, was er mit seinem Möbelstück tun kann und welche Eigenschaften es hat.

8 Wer oder was ist eine Chaiselongue, und woher kommt der Name?

Tiere kennen ...

Thomas: Können wir nicht mal wieder was über Tiere lernen?

Sandra: Ich kann ja meinen Vogel mitbringen. Aber dann müssen wir aufpassen, daß hier kein Fenster offensteht. Sonst kann mein Peter wegfliegen und sich verirren. Und wir müssen dann hier alles absuchen. Ich kann ihn ja gut erkennen, aber nicht einfangen.

Tina: Über Vögel wissen wir doch schon alles!
Sie haben zwei Flügel, einen Schnabel,
zwei Beine, zwei Augen,
einen Schwanz, Federn überall
und legen Eier, mehr weiß ich nicht.

1 Lest das Gespräch zu dritt: Thomas, Sandra, Tina.

2 Schreibe Sandras Vorschlag ins Heft. Oder: Schreibe in sieben Sätzen auf, was Tina von Vögeln weiß. Vergiß die Punkte nicht.

In Sandras Vorschlag kommen Zeitwörter vor, die mit diesen Wortbausteinen anfangen:

ab | auf | mit | weg | ein

3 Suche solche Wörter im Text und schreibe sie ins Heft.

schreiben	fahren	legen	finden	holen	bauen	raten
bleiben	schlagen	waschen	nehmen	schreien		

4 Überlege, welche Wortbausteine zu den Zeitwörtern im Kasten passen. Schreibe jedes Wort mit zwei verschiedenen Wortbausteinen.
So: *abschreiben, aufschreiben*
wegfahren, ...

5 Können Vögel hören und riechen?

Lehrer: Max, nenne mir Tiere!
Max: Schweinchen, Pferdchen, Entchen ...
Lehrer: Die Tiere sollen nicht alle klein sein. Laß das *chen* weg.
Max: Hündchen, Kätzchen ...
Lehrer: Du sollst das *chen* weglassen!
Max: Kanin, Eichhörn ...

6 Lies den Witz so oft, bis du ihn erzählen kannst.

7 Sammelt Witze. Klebt oder schreibt sie in ein Heft.

... Tiere raten

Hatice sagt: Ratet mal, an welches Tier ich denke!
Die anderen Kinder fragen.
Hier sind Hatices Antworten:

Nein, vier Beine hat es nicht.
Ja, ich glaube, das gibt es auch im Zoo.
Nein, es hat kein Fell.
Nein, fliegen kann es nicht.
Ja, meistens lebt es in der Erde.
Nein, keine braunen, es hat überhaupt keine Augen.

8 Was haben die Kinder gefragt?
Schreibe so: *Hat es vier Beine? Nein.*
Gibt es das Tier ...

So heißt Hatices Tier, wenn man die Buchstaben nach dem ABC ordnet:

e e g m n R r u w

Welche Tiernamen stehen hier?

Pepagia, Esiräb, Hia, Elue, Masu, Rupea, Lusa, Schweni, Mafikäre

9 Wenn du sie erkannt hast, schreibe die Tiernamen mit dem Begleiter auf.
Merkst du was?
Aus a und u wird au
aus e und i wird ei
aus a und i wird ai
aus e und u wird eu
Diese Doppellaute (Zwielaute) sprichst du anders als die beiden einzelnen Buchstaben.

10 Übermale im Heft au, ei, ai und eu in den Tiernamen.

ENE MENE MUH,
DIE LAUS IST KEINE KUH,
DIE KUH, DIE IST KEIN SCHWEIN,
DU SOLLST ES SEIN.

11 Lies den Abzählvers und lerne ihn auswendig.

An die vier Tricks hast du dich jetzt gewöhnt.
Du weißt selber, wann sie dir helfen.
Deshalb brauchen sie nicht mehr im Buch zu stehen.

Wolkenfisch und…

Komm schnell her!
Draußen fliegt ein Drache
vorbei. Nein, ich glaube,
es ist ein Krokodil!

Ein Drache?
Ein Krokodil?
Du bist wohl
krank?

Schau doch mal,
jetzt wird es ein Fisch.
Da ist der Kopf,
und dort ist der Schwanz.

1 Lest das Gespräch zu zweit vor.

2 Schreibe das Gespräch ins Heft. Überschrift: *Der Wolkenfisch*

Wenn der Wind die Wolken treibt, kann man Tiere am Himmel sehen:

Vögel Katzen Fische Elefanten Hunde
Mäuse Löwen Hasen Kamele Enten

3 Wähle sechs Tiere aus
und schreibe so:
Die Wolken sehen aus wie Vögel.
Die Wolken …

Oder: Schreibe die
zehn Tiernamen so:
viele Vögel, ein Vogel
viele Katzen, eine K…

Wetter Regen
Sonne Wind Wolke
Nebel Schnee Himmel
Luft Regenbogen Frost

4 Suche zu diesen Namenwörtern
den passenden
Begleiter. Schreibe so: *das Wetter*
der R…

Sonne und Regen

Schauer Blume Mantel Brille Licht Uhr Wasser Wurm

5 Setze Namenwörter zusammen:
vier Wörter mit *Sonne* und vier mit *Regen.*
Schreibe so:
der Regenschauer, die Sonnenblume, …

Oder: Suche selbst zehn Wörter
mit *Sonne* und *Regen.*
Benutze dazu
das Wörterbuch.

… Hundewetter

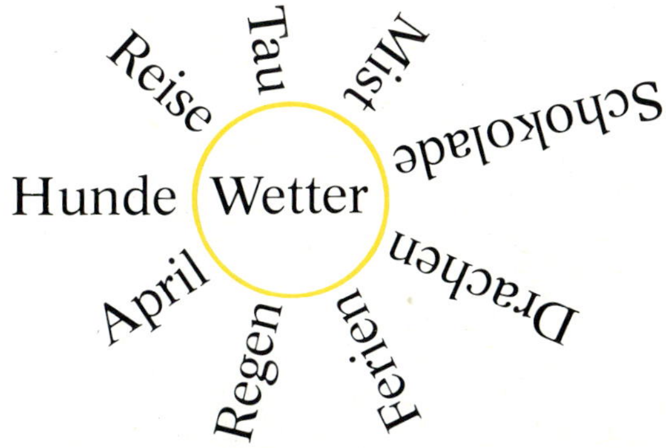

6 Was könnte man in den Wolken sehen? Sprecht darüber.

7 Schreibe die verschiedenen Wetternamen auf. So:
das Regenwetter, …
(Achtung! Ein Wort hat sich eingeschlichen.)

Denke dir eine besonders schlimme **Wettervorhersage** aus.

Das Wetter muß so schrecklich sein, daß die Schule ausfällt. Hier sind ein paar Stichworte: den ganzen Tag lang regnen, Blitz und Donner, Eis und Schnee, sehr starker Wind, Bäume knicken, Dächer abreißen, Straßen stehen unter Wasser, Autos rutschen, nicht richtig hell werden, Schule fällt im ganzen Land aus

8 Schreibe so: *Meine Damen und Herren! Morgen wird …*

Du sollst … ! Du mußt … !

den Regenschirm mitnehmen
aus der stechenden Sonne gehen
einen Schal umbinden
einen Mantel anziehen
nicht im Regen spielen
auf dem Eis vorsichtig sein
nicht so lange im kalten Wasser bleiben

9 Schreibe die Aufforderungen und Befehle so:
Mutter sagt: Nimm den Regenschirm mit!
Mutter sagt: Geh …!

> Ausrufezeichen stehen nach Befehlen
> und nach Aufforderungen, die besonders beachtet werden sollen.

Regenschein, Regenstrahl, Regenuntergang
Sonnenmantel, Sonnenschauer, Sonnenwolke

10 Diese Wörter sind falsch zusammengesetzt. Schreibe sie richtig.

11 Was ist Wetterleuchten?

So ein Apfel...

Nicole, Ömer, Christian und Meike spielen Gegenstände-Raten.

Christian: Darf ich daran riechen?
Meike: Nein, zuerst mußt du tasten.
Christian: Es ist rund, glatt und fest.
Ich glaube, ich weiß, was es ist.
Ömer: Du darfst es erst sagen,
wenn du ganz sicher bist.
Christian: Kann ich nun daran riechen?
Nicole: Ja.
Christian: Es riecht nach gar nichts.
Darf ich probieren, wie es schmeckt?
Alle: Ja!
Christian: Iiiih! Es schmeckt nach Wachs.

Christian nimmt das Tuch ab. Alle lachen.

Christian: Ein Apfel aus Wachs.
Das finde ich gemein.

1 Lest den Text mit verteilten Rollen.

2 Ratet andere Gegenstände mit verbundenen Augen. Beschreibt ganz genau, was ihr fühlt, riecht oder schmeckt.

3 Christian sagt, was er fühlt, riecht, schmeckt. Schreibe die drei Sätze aus dem Text.
So: *Rätsel*
Es ist rund, ...
Es riecht ...
Es schmeckt ...

Oder:
Schreibe, was Christian wohl bei einem richtigen Apfel gesagt hätte.
So: *Rätsel*
Es ist ...
Es riecht ...
Es schmeckt ...

... *schmeckt nicht*

Nicole beobachtet Christian.
Sie sieht, wie er sein Gesicht verzieht.
Christian nimmt das Tuch ab und blinzelt.
Er blickt erstaunt auf die Apfel-Kerze.
Meike und Ömer schauen lachend zu.

4 Lies den Text mit einem Partner. Vergleicht die unterstrichenen Zeitwörter. Was fällt euch auf?

5 Schreibe aus dem Text alle Wörter für *sehen*. So:
Sie beobachtet, er sieht, er ...

Oder: Schreibe den Text ab und unterstreiche die Wörter für *sehen*.

Die verrückte Speisekarte

frisch	grün	alt	Milch von Mäusen	Hasenschwänze
lang	scharf	warm	Fliegenbeine mit Eis	Wachs-Äpfel
braun	klein	gelb	Pferde-Eier	Quark mit Sand
	gesund		Elefantenschinken	Brot mit Salat

6 Stelle fünf verrückte Speisen zusammen. Schreibe so:
Heute gibt es frische Milch von Mäusen.

Oder: Stelle acht verrückte Speisen zusammen. Schreibe so:
Heute gibt es lange ...

> Wörter, die sagen, wie die Dinge sind, heißen Wiewörter.
> Wiewörter werden klein geschrieben.

7 Unterstreiche in deinem Heft alle Wiewörter, die in den Sätzen von Aufgabe 6 vorkommen.

> Aus a wird ä. Aus au wird äu.

8 Apfel, Schwanz, Maus, Stadt

Schreibe so: *der Apfel – die Äpfel*
der Schwanz – die ...

9 fahren, fallen, fangen, laufen, schlafen, schlagen, tragen, waschen

Schreibe so: *fahren – sie fährt*
fallen – sie ...

10 Übermale im Heft alle Umlaute der Wörter von Aufgabe 8 und Aufgabe 9.

11 Was bedeutet die Redensart *Deine Augen waren größer als der Magen?*

Wer kommt mit…

1 Wart ihr schon auf dem Flohmarkt? Sprecht darüber.

2 Spielt das Einkaufsgespräch. Wie kann es weitergehen?

3 Schreibe ab, was Jan und Pino im ersten Bild sagen. Unterstreiche die Zeitwörter im Heft.

Oder: Schreibe das Gespräch auf dem Flohmarkt ab. Schreibe auch auf, wie es zu Ende geht.

- du kommst
- du kriegst
- ich gehe
- du wartest
- ich kaufe
- es kostet

Auf dem linken Wegweiser stehen die Zeitwörter so, wie sie in der Geschichte vorkommen.

Auf dem rechten Wegweiser stehen die Grundformen dieser Zeitwörter.

- gehen
- kaufen
- kommen
- kosten
- kriegen
- warten

4 Schreibe so: *du kommst, kommen, …*
Unterstreiche die Grundformen im Heft rot.

Jedes Zeitwort hat eine Grundform.

5 Wann gibt es bei euch den nächsten Flohmarkt?
Dürfen Kinder dort auch verkaufen?

… zum Flohmarkt?

6 Schreibe die Namen der Dinge auf. Es sind zwanzig Namenwörter.

Oder: Schreibe die Namen der zwanzig Dinge so auf:
das Heft – die Hefte
…   …

→ ABC

7 Wähle fünf Namenwörter aus und schreibe Sätze. So:
Das Schiff ist klein.
…

Oder: Wähle fünf Namenwörter aus und schreibe Sätze. So:
Tom kauft ein kleines Schiff.
…

Diese Wiewörter kannst du dabei gebrauchen. Sie sagen, wie die Dinge sind *(blau, gelb, groß, alt, neu)* oder wie du sie findest *(fein, schön)*.
Unterstreiche die Wiewörter im Heft gelb.

Was es auf dem Flohmarkt gibt:
Teller, Bälle, Räder, Puppen, Bänder, Nägel, Hämmer, Uhren, Gläser, Schränke, Töpfe

8 Schreibe die Namenwörter in der Einzahl und in der Mehrzahl auf. Setze die Begleiter dazu. So:
der Teller – die Teller
der Ball – die Bälle
das …   …

Rätsel

Kein Baum – und doch an Blättern reich,
kein einz'ges ist dem andern gleich.
Auch grün sind meine Blätter nicht,
ich hab' ein anderes Gesicht!
Ich hab' auch einen festen Rücken,
doch kann ich mich damit nicht bücken.

9 Schreibe das Rätsel ab.

10 Lerne das Rätsel auswendig.

Ein Baby kommt...

Bei Familie Gräser ist große Aufregung. Das dritte Kind soll heute kommen. Mutter ist mit Vater im Krankenhaus. Oma, Sebastian und Katharina warten zusammen in der Wohnung auf Vaters Anruf.

Sebastian: Ob es wohl ein Junge wird, Oma
Oma: Ach, Hauptsache, das Kind ist gesund
Sebastian: Ich wünsche mir aber so sehr einen Bruder
Katharina: Ich finde Mädchen viel besser
Sebastian: Und ich sage dir, wir bekommen einen Jungen mit schwarzen Haaren, wie ich

Das Telefon klingelt. Katharina saust hin.

Katharina: Katharina Gräser. – Hallo, Vati – Ja. – Och, wirklich ein Junge

Sebastian nimmt ihr den Hörer aus der Hand.

Sebastian: Ist ja toll, Vati. Ich freue mich, daß ich einen Bruder kriege – Wieso – Das verstehe ich nicht. Ich denke, es ist ein Junge – Ach, Zwillinge

1 Lest das Gespräch am Tisch mit verteilten Rollen.

2 Sprecht über die Meinung der Kinder.

3 Spielt das Telefongespräch. Einer muß Vaters Rolle übernehmen.

4 Lest oder spielt die Gespräche noch einmal zu dritt oder zu zweit. Besprecht dabei gemeinsam, wo ihr Punkte oder Fragezeichen setzen wollt. Begründet eure Meinung.

Schreibe das Tischgespräch ab. (Denke an die Satzzeichen.)
Oder:
Schreibe das Telefongespräch auf:
Katharina : ...
Vater : ...
...
(Achtung! Satzzeichen nicht vergessen.)

... manchmal zu zweit

Arm • Fuß • Kopf • Hand • Finger
Mund • Nase • Zahn • Backe

5 Beim Baby ist alles sehr klein: Der Arm ist ein Ärmchen.
Der Fuß ist ein Füßchen. Der Kopf ist ein Köpfchen.

Schreibe so:
der Arm – das Ärmchen
der Fuß – das Füßchen
der Kopf – ...

Oder schreibe so:
Der kleine Arm ist ein Ärmchen.
Der kleine Fuß ist ein ...
Der ...

Paß auf! Aus a wird ä, aus u wird ü, aus o wird ö.

6 Übermale alle Umlaute in den Wörtern von Aufgabe 5.

7 Diktiert euch gegenseitig aus dem Text von Seite 70 die Wörter mit den Mitlaut-Zwillingen. Schreibt so: *dritte, soll, kommen, ...*

Bist du ein richtiger Junge?

Kannst du lachen und singen
und mit den andern im Kreis herumspringen
Kannst du das Baby wiegen
Und manchmal das Heulen kriegen
Dann bist du okay

Oder tust du kalt und stolz,
als wärst du aus Holz
Bist du ein Angeber und Gernegroß
Dann ist nichts mit dir los
O jeh

Ilse van Heyst

8 Lies dir das Gedicht laut vor. Überlege dann, wo du Punkte oder Fragezeichen setzen willst.

9 Schreibe das Gedicht mit Satzzeichen.

10 Lerne das Gedicht auswendig.

Was das Baby tut ⇨ lachen, trinken, schreien, schlafen, weinen, sich freuen, in die Windeln machen

11 Schreibe die Zeitwörter in der Grundform ab. Unterstreiche bei jeder Grundform den Stamm rot. Übermale dann die Endung blau.

12 Schreibe so: *Das Baby lacht. Das Baby ...*

Weißt du noch? Zeitwörter sagen, was man tut und was geschieht.

Hexen ...

Windhexe

Hexen stellen sich vor

Ich bin die Windhexe. Ich kann ...
Ich bin die Sturmhexe. Ich will ...
Ich bin die Orkanhexe. Ich ...

1 Schreibe von jeder Hexe zwei Sätze. → ABC
Oder:
Erfinde eine Geschichte von den drei Hexen. Schreibe sie auf.

Sturmhexe

Der Wind wird immer lauter

der Wind: hauchen, flüstern, rascheln, blasen
der Sturm: sausen, jagen, brausen
der Orkan: fauchen, toben

Was tut der Wind?
2 Schreibe zuerst die Grundform.
So: *hauchen, er haucht, ...*
Unterstreiche den Wortstamm immer rot. So: *hauchen, ...*
Oder:
Schreibe neun Sätze. So:
hauchen – Der Wind haucht.
flüstern – Der Wind flüstert.
... ...
Unterstreiche alle Wortstämme rot.

Orkanhexe

Wörter mit Wind

Richtung, Stärke, Hund, Mühle, Stille, Stoß, Hauch, Rad, Rücken

3 Schreibe so:
Windrichtung, Windstärke, ...
(Vorsicht beim letzten Wort!)

. . . in der Luft

Nicht nur Hexen brauchen Luft

Ein Ballon, der in der Luft schwebt, heißt	Luftpost.
Eine Matratze, die mit Luft gefüllt ist, heißt	Luftpumpe.
Post, die mit Flugzeugen befördert wird, heißt	Luftballon.
Die Röhre im Hals, durch die wir atmen, heißt	Luftröhre.
Das Gerät, mit dem Luft in Fahrradreifen gepumpt wird, heißt	Luftmatratze.

4 Schreibe drei Sätze, die stimmen.

Oder: Stelle die Sätze um und schreibe so:
Ein Luftballon ist ein Ballon, der in der Luft schwebt.
. . .

Lauter Redensarten

- Er baut Luftschlösser
- Was du sagst, ist aus der Luft gegriffen.
- Ich behandle dich wie Luft.
- Er lebt von Luft und Liebe.
- Sie macht ihrem Ärger Luft.
- Ihr bleibt vor Staunen die Luft weg.

5 Sprecht über die Redensarten.

Sätze mit Luft

- Du bist für mich Luft!
- Die Luft ist rein.
- Ich bekomme keine Luft!

6 Lies jeden Satz in einem anderen Ton.
Bei welcher Gelegenheit könnte man das sagen?

---

zischen · hauchen · flüstern · wehen · fauchen · rascheln · jagen

Stimmt das? Zeitwörter sagen, was man tut.
Zeitwörter sagen, wie spät es ist.
Zeitwörter sagen, was geschieht.
Zeitwörter hören immer mit -en auf.
Zeitwörter haben einen Stamm und eine Endung.
Zeitwörter sind länger als Namenwörter.

7 Schreibe die drei wahren Sätze.

Oder: Schreibe alle Sätze und dahinter jedesmal *richtig* oder *falsch* .

8 Was ist ein Luftikus?

ZIRKUS
ALBA
KOMMT

Wann?
Nächsten Donnerstag
Wohin?
In diese Schule

Unsere Tiere:
Lamas, Kamele, Pferde,
Tauben und
OSKAR, die Riesenschlange

Unsere Artisten:
Ronny als Zauberer
Chico als Feuerschlucker
Tina und Marion als
Menschen ohne Knochen
Aldo als Clown
Mateo als Akrobat

Eintritt:
2 DM für Kinder
Beginn:
9 Uhr und 11 Uhr

Großer Zirkus …

In der Pause sehen die Kinder, wie der Hausmeister ein Plakat aufhängt.
Sie lesen nur ZIRKUS ALBA, und sofort fragen alle durcheinander.

Die Kinder wollen wissen,

- ob wilde Tiere dabei sind,
- ob auch ein Clown seine Späße macht,
- ob man die Tiere anfassen darf,
- ob Pferde Kunststücke machen,
- ob man dafür Eintritt bezahlen muß,
- ob Artisten durch die Luft fliegen,
- ob ein Mann mit Messern wirft,
- ob ein Zelt aufgebaut wird.

1 Lies einem Partner vor, was die Kinder wissen wollen. Sprecht darüber.
Was würdet ihr fragen, wenn ein Zirkus in eure Schule käme?

2 Schreibe die acht Fragen auf. So:
Sind wilde Tiere dabei?
Macht auch …
Oder:
Schreibe die Fragen auf, zu denen du auf dem Plakat eine Antwort findest.
Schreibe auch die Antwort dazu.

Marco sagt: Ich möchte auch als Clown auftreten.
Dafür muß ich mein Gesicht anmalen,
einen bunten Schal umbinden,
große Schuhe anziehen,
einen kleinen Hut aufsetzen,
eine weiße Blume anstecken,
meine Trompete mitnehmen.

3 Schreibe nur die Zeitwörter ab und unterstreiche die Wortbausteine am Anfang.
So: *auftreten, anmalen*

Oder: Schreibe sieben Sätze. So:
Marco will als Clown auftreten.
(Vergiß die Punkte nicht.)

... in der Schule

Am Donnerstag sehen die Kinder in der Turnhalle das Zirkusprogramm.

Was der Feuerschlucker kann, möchten sie auch gern können.

Aber es gibt noch andere schöne Berufe im Zirkus: • Messerwerfer • Kamelreiter • Seiltänzer • Pferdepfleger • Gewichtheber • Lassoschwinger • Trompetenspieler • Löwenbändiger

4 Erkläre diese Berufe.

5 Schreibe dann so:
Messerwerfer werfen Messer.
Kamelreiter reiten auf Kamelen.
Seiltänzer tanzen auf dem ...
Unterstreiche in jedem Satz das Zeitwort.

Ganz toll wird es am Schluß:
Die Leute vom Zirkus tragen die Riesenschlange herein.

6 Sprecht darüber, was ihr auf den Bildern seht.

7 Schreibe eine kleine Geschichte zu diesen Bildern auf.
Die Wörter aus der Schlange helfen dir dabei:
Mädchen — Mitte — Hände — zusammen — legen — anfassen — schwer — hoch
Jungen — Ende — Arme — unter — greifen — kriegen — stark

8 Was könnte Marco heute als *Echo des Tages* schreiben?

9 Auf den Fotos siehst du eine Pythonschlange.
Was kannst du über sie erfahren?

Gips am Bein...

Drei Wochen hat Christian schon in der Schule gefehlt. Aber heute morgen bringt Herr Wagner ihn mit dem Auto zur Schule. Christian hat ein Gipsbein. Herr Wagner trägt ihn in die Klasse. Peter bringt die zwei Krücken nach.

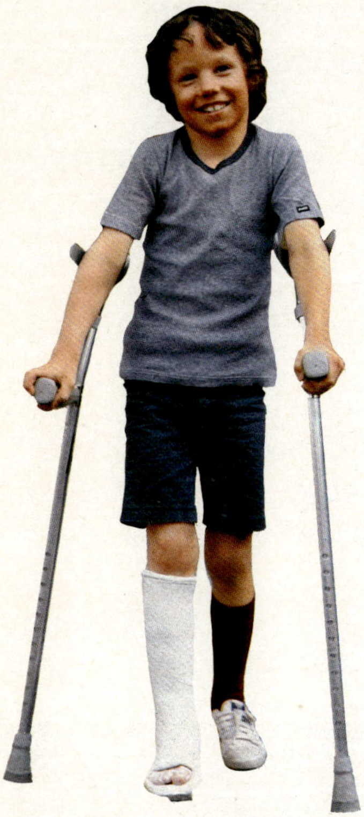

Katrin: Wie ist das denn passiert, Christian?

Christian: Ich bin mit meinem Freund Ingo zusammen auf dem Rad gefahren. Wir haben Quatsch gemacht. Und ich bin mit dem Fuß in die Speichen gekommen. Alle beide sind wir gefallen, ich mit dem rechten Bein ganz fest auf einen Stein.

Anke: Hast du geweint?

Christian: Na klar. Das tat ganz schön weh. Ich konnte nicht mehr stehen.

Peter: Und wo hast du den Gips gekriegt?

Christian: Im Krankenhaus. Ingo ist schnell zum Telefonhäuschen gelaufen. Und ich habe mich wieder hingelegt. Als der Krankenwagen kam, sagte der Fahrer: Beinbruch, junger Mann!

1 Lest den Text mit verteilten Rollen: vier Kinder und ein Erzähler.

2 Schreibe, wie der Unfall passiert ist. So: *Christian ist mit Ingo auf dem Rad gefahren. Sie haben ...*

Oder: Schreibe einen kleinen Bericht: *Ein Unfall, den ich gesehen habe*

3 Warst du schon einmal im Krankenhaus? Erzähle davon.

4 Spielt, wie Ingo nach einem Krankenwagen telefoniert. Überlegt vorher: Was will die Polizei von Ingo wissen?

5 Schreibe alle Namenwörter aus dem Text oben in der Einzahl und Mehrzahl. Setze den Begleiter dazu.
So: *die Woche – die Wochen*
die Schule – ...

Oder: Schreibe Ingos Telefongespräch auf.
So: *Polizist: Hier Polizeiwache Sü*
Ingo: ...

… und doch zur Schule?

Christians Opa hat ein Rätsel
auf den weißen Gips geschrieben.
Kannst du es lösen?

6 Schreibe das Rätsel ab.
Oder:
Diktiert euch das Rätsel gegenseitig.

Das Gipsbein behindert Christian sehr.
Manche Dinge kann er gar nicht mehr tun,
andere nicht so gut:

- im Sport schnell rennen
- Hosen anziehen
- in warmem Wasser baden
- auf der großen Rutsche rutschen
- über einen Haufen Steine springen
- im Zimmer sitzen und fernsehen
- in der Wohnung laut singen
- mit dem Ball spielen
- über den Platz laufen

7 Schreibe so:
Was Christian nicht gut kann:
Hosen anziehen,
…

Schreibe dann:
Was Christian auch mit Gipsbein kann:
…

8 Gebrochene Arme und Beine kann man gipsen.
Aber was tut man bei gebrochenen Rippen?

9 Denke dir aus, was du deiner Lehrerin aufs Gipsbein schreiben würdest.
Male ihr ein Gipsbein mit deinem Text.

Kleider …

1 Denkt euch eine Geschichte aus, die die Kinder spielen könnten. Sprecht darüber. Spielt sie euch vor.

2 Schreibe den Text aus den Sprechblasen ab.
So: *Tom: …*
Ali: …

Oder: Schreibe auf, was die Kinder sein wollen und was sie dazu brauchen. Diese Wörter helfen dir: *Rock, Jacke, Bettlaken, Mantel, Kleid, Decke*

3 Was spielt ihr, wenn ihr euch verkleidet? Erzählt den anderen davon.

4 Schreibe auf, wie du dich einmal verkleidet hast.
Schreibe auch, was du dann gespielt hast. Male ein Bild dazu.

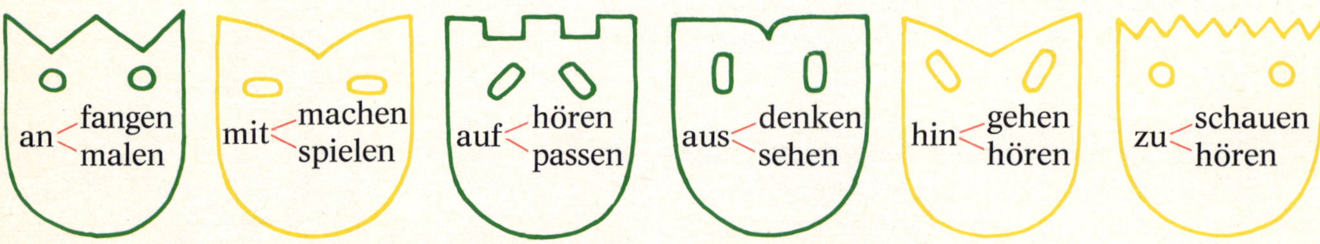

5 Schreibe alle zwölf Zeitwörter mit den Wortbausteinen.
So: *anfangen, anmalen, …*

... machen Leute

6 Nimm die Zeitwörter aus den gelben Masken.
Schreibe mit jedem Zeitwort zwei Sätze.
So: *Tina will zuschauen. Sie schaut zu.*
Tina will ...
Übermale im Heft bei allen Zeitwörtern die Endung.

Die kleine Tina ist ungeduldig. Alle paar Minuten fragt sie die Mutter: Wann geht es los?
Warum dauert es so lange?
Was spielen die Kinder vor?
Ist da wirklich ein Räuber?

7 Schreibe die Fragen ab.

Oder: Schreibe die Fragen ab.
Schreibe auch auf,
was die Mutter antwortet.
So: *Tina: ...*
Mutter: ...

(Vergiß die Fragezeichen nicht.)

8 In welchem Märchen läßt ein König seine Frau Stroh zu Gold spinnen?
Erzählt ein Stück davon.

Geist und König

Hier stehen Namenwörter, die mit G oder K anfangen:

● locke ● ind ● asse ● asse ● lasse
● esicht ● ino ● lück ● abel ● abel
● opf ● arten ● arten ● rach

9 Schreibe so: *eine Glocke, ein Kind, ...*

> *ein* und *eine* sind auch Begleiter.
> *der, die* und *das* heißen bestimmte Begleiter.
> *ein* und *eine* heißen unbestimmte Begleiter.

10 Diktiert euch gegenseitig die Wörter aus Aufgabe 5 und aus Aufgabe 9.

Manchmal muß man ein Wort trennen, damit man nicht über den Rand schreibt. Klatsche und sprich dazu die Wörter nach Silben. Dann hörst du meistens, wo du trennen kannst.

11 Prüfe die letzten neun Wörter von Aufgabe 9. Wo kannst du trennen?
Schreibe so: *Ge-sicht, Ki-no, ...*
(Vorsicht! Drei Wörter kann man nicht trennen.)

Schreibst du mir…

Tante Ina hat den Brief bekommen.
Sie schreibt zurück:

Lieber Dirk! 5. April

Vielen Dank für Deinen Brief.
Schreibst Du mir noch etwas mehr?
Ich möchte gern wissen, wie Dir das Spiel gefällt.
Bist Du schon einmal rausgeflogen?
Wer hat Dich rausgeworfen?
Hast Du schon oft eine Sechs gewürfelt?
Welche Farbe nimmst Du am liebsten?
Hast Du die anderen schon geärgert?
Hast Du schon einmal vor dem Ziel gestanden und trotzdem nicht gewonnen?
Herzlichen Gruß Deine Tante Ina

1 Welches Spiel hat Dirk geschenkt bekommen? Finde mit den anderen die Spielregeln heraus.

Wenn man Menschen in Briefen anredet, schreibt man die Anredewörter groß:
Du, Dir, Deine …

2 Wie viele Anredewörter hat Tante Ina groß geschrieben?

Das braucht Dirk: *Briefkasten, Tante Inas Anschrift, Briefmarke, Papier, Briefumschlag, Text, Füller*

Das tut Dirk: *zusammenfalten, einwerfen, hinlegen, aufschreiben, aufkleben, hinschreiben, ausdenken*

3 Schreibe der Reihe nach auf: Was braucht Dirk zuerst, was als nächstes …?

4 Schreibe der Reihe nach auf, was Dirk tut. So: *hinlegen, …*
Unterstreiche bei jedem Wort den Wortbaustein.

5 Was ist ein Briefkopf?

… schreib' ich dir

Liebe Tante Ina! 10. April

Ich danke dir für deinen Brief. Leider kann ich zu deinen Fragen nichts schreiben. Kennst du noch Waldi? Das ist unser Dackel, der im Sommer dein Kleid zerrissen hat. Jetzt hat er dein Spiel zerrissen. Papa sagt, dein Spiel hat einen passenden Namen.

Herzliche Grüße
dein Dirk

Leider kennt Dirk die Höflichkeitsregeln nicht. Er hat achtmal ein Anredewort klein geschrieben.

6 Schreibe Dirks Brief fehlerfrei. Unterstreiche alle Anredewörter.

Was es in keiner Post gibt:

einen Vogel, der sich Briefe an Füße oder Flügel binden läßt	einen Mann am Schalter mit einer Blume im Haar	eine Briefmarke für zwanzig Mark	eine Waage, auf der zehn richtige Pferde zusammen gewogen werden können

7 Schreibe so:
Es gibt keinen Mann am Schalter mit einer Blume im Haar.
Es gibt keine …

Mann | Vogel | Marke | Wort | Blume | Stadt | Wald | Zahn

Schwanz | Rad | Platz | Garten | Hand | Vater | Bruder

8 Schreibe jedes Wort mit unbestimmtem Begleiter.
Hänge dann -chen oder -lein an. So: *ein Mann – ein Männchen*
ein Vogel – ein Vögelein
eine … – …

Die Seite Kunterbunt ...

Rätsel ohne Selbstlaute

Wlchr Vgl ht zw Bn,
br kn Flgl, knn Schnbl,
nd n Fdrn ch ncht n?

e e o e a ei ei e
a e ei e ü e ei e a e
u a e e au i ei e

Weißt du noch?
a, e, i, o und u
heißen Selbstlaute.

Hier stehen neunzehn Selbstlaute,
ein Umlaut, fünf ei und ein au.
Setze sie der Reihe nach ein.

4 Schreibe so: *Welcher Vogel ...*

Herzliche Grüße

SUPER 3 BONBON

Früher glaubten die Menschen, im Herzen wohnten die Gefühle.
Das erkennt man an vielen Wörtern und Redensarten:
herzlos sein, sich etwas zu Herzen nehmen, herzzerreißend,
sein Herz ausschütten, von Herzen froh sein ...
Kennt ihr noch mehr? Sprecht darüber.

Die Wortbausteine

ab | aus | ein | auf | her

- brennen • heben • fragen • kaufen • reisen • lernen • ordnen
- liefern • raten • stehen • teilen • holen

2 Setze vor jedes Wort einen passenden Wortbaustein.
Dann bekommt das Wort einen anderen Sinn.
Schreibe so:
brennen – abbrennen
heben – ...

Oder: Schreibe von jedem Wort mit Wortbaustein einen Satz. So:
abbrennen – Die Häuser brennen ab.

5 Ordne alle Wörter ohne Wortbaustein von Aufgabe 2 nach dem ABC.
Schreibe sie.

1 DIE KLASSENRUNDE

Thema heute:
Wann sollten Kinder abends ins Bett gehen?

Welche Wörter kann man trennen?

bluten senden Reihe Mut leiden Menge treu einfach wo

6 Schreibe so: *blu-ten, ...*
Schreibe dann die Wörter, die man nicht trennen kann.

Die Seite Allerlei

Das Jahresdiktat

Das Jahr fängt an im Januar.
Im Februar gibt es Eis und Schnee.
Die Blumen kommen im März aus der Erde.
Im April scheint die Sonne schon wärmer.
Im Mai feiern wir ein Fest im Garten.
Im Juni sind die Nächte nicht lang.
Im Juli bade ich im Meer und im See.
Im August haben wir große Ferien.
Im September kennen Mäuse keinen Hunger und keine Not.
Im Oktober sind die Äpfel an den Bäumen rot.
Im November saust der Wind in unserer Stadt.
Dunkel und kalt sind die Tage im Dezember.

4 Partnerdiktat
Diktiert euch die Sätze abwechselnd.
Jeder schreibt also die Sätze von sechs Monaten.

Weißt-du-noch-Vorlese-Zeit

2 Lest einander jeden Tag ein paar Geschichten aus dem *Echo des Tages* vor.
Jeder liest die Geschichte eines anderen.
(Achtung! Übt vorher. Stotterlesen wäre unhöflich.
Lest jeden Tag fünf oder sechs oder sieben Minuten lang.)

Der Wortbaustein en

3 Auf Seite 71 stehen bei Aufgabe 11 lauter Wörter mit dem Wortbaustein en am Ende. Schreibe sie und übermale die Wortbausteine bunt.

Reimwörter

<u>bringen</u>, vor allen D . . . , die Jungen r . . . , die Kinder s . . . , sie f . . . den Ball, wir g . . . zusammen, am Baum h . . . Äpfel, die Glocken kl . . .

1 Schreibe die Reimwörter. So: *bringen, vor allen Dingen, . . .*

SUPER-DETEKTIV 5
Warum heißt der Gänsemarsch Gänsemarsch?
Warum heißt der Maulwurf Maulwurf?
Wann heißt ein Pferd Fuchs?

Die Seite Sammelsurium

Fange den Ball! Sei darum nicht b . . . ! Manche sagen nicht Backe, sondern W . . . ! Zum Haus kam eine Schl . . . gekrochen. Meine Schwester hat kein Kleid ohne Sp . . . Auf einer hohen St . . . sah er die Fahne wehen.

3 Schreibe den Text mit den Reimwörtern.

Das hast du in Klasse 2 gelernt:

- Am Ende einer Frage steht immer ein Schluppdiwupp.
- Nach Befehlen und Aufforderungen steht ein Schluppdiwupp.
- Schluppdiwupps gibt es in der Einzahl und in der Mehrzahl.
- *der, die* und *das* sind Schluppdiwupps.
- *ein* und *eine* heißen auch Schluppdiwupps.

1 Schreibe und setze für Schluppdiwupp die richtigen Namen ein.

Pauls Was-ich-mag-ABC

Ich mag Abendessen, Brüder, Clowns, Dezember, Eis, Ferien, Glück, Hunde, Igel, Jungen, Kino, Limonade, Mädchen, November, Orkan, Pferde, Quatsch, Rutschen, Sport, Teddybären, Uhren, Vögel, Wälder, den Buchstaben X, Yachten, Zylinder.

4 Schreibe immer zwei Wörter nacheinander.

Doppel-Mitlaute

Weißt du noch? b, c, d . . . heißen Mitlaute.

5 Schreibe aus der Wörterliste alle Wörter mit den Anfangsbuchstaben M und m bis R und r, in denen doppelte Mitlaute vorkommen. → ABC

Oft wünschen wir anderen Menschen Glück:

zum Geburtstag, zur Verlobung, zur Hochzeit, zur Geburt eines Babys, zum guten Zeugnis oder zu anderen frohen Ereignissen.

2 Sammelt Glückwunschkarten aller Art. Hängt sie in der Klasse auf.

Schock mit ock

die Glocke, die S . . . , die L . . . , die P . . . , der Sch . . . , tr . . . , h . . .

6 Schreibe lauter Wörter mit ock. Kreise dann alle ock ein.

Die Seite Kraut und Rüben

2 DIE KLASSENRUNDE Thema heute: Welche Arbeiten im Haushalt sollten Kinder machen?

SUPER-DETEKTIV 5 Warum heißen manche Knochen Beine, obwohl sie doch gar nicht zum Bein gehören (Nasenbein, Steißbein, Schlüsselbein)?
Warum heißt der Zeppelin Zeppelin?
Warum heißt die Litfaßsäule Litfaßsäule?

Versteckte Zeitwörter

Bauch, Dezember, grau, bezahlen, geben, bitten, brechen, wünschen, Ferien, weit, Räder, wissen, erlauben, Preis, schlau, kennen, verlieren, hoffen, eilen, scheinen, messen, Mädchen, froh, greifen, liefern, fassen, erklären, rasch, Herr, warnen, Klasse, Mann, melden, meinen, Reihe

Du weißt ja: Zeitwörter sagen, was man tut und was geschieht.

3 Schreibe alle zwanzig Zeitwörter. **Oder:** Schreibe zuerst alle zwanzig Zeitwörter, dann alle fünf Wiewörter und danach alle zehn Namenwörter.

Silbenrätsel

Sieben Wörter sind auseinandergeschnitten. Kannst du sie wieder zusammensetzen? Unten steht, was sie bedeuten.

-de -fon -gen -le- -mer -pe Pup- -ser -ten
sie- Te- Was- Wun- Zim- un-

1. Spielkind 2. Anderes Wort für *gewinnen* 3. Anderes Wort für *Fernsprechgerät* 4. Eine Flüssigkeit 5. Blutende Verletzung 6. Raum in der Wohnung 7. Gegenteil von *oben*

4 Schreibe die sieben Wörter.

Der Wortbaustein er

Bruder, Eimer, Fenster, Feuer, Flieger, Finger, Hunger, Kinder, Zimmer, Länder, Lehrer, Lichter, Messer, Mutter, Räder

1 Schreibe jedes Wort mit dem richtigen bestimmten Begleiter. Kreise dann alle Wortbausteine er ein. So: *der Bruder, ...*

Die Seite Drunter und Drüber

Das hast du in Klasse 2 gelernt: Menschen, Pflanzen und Dinge haben Namen. Diese Wörter nennt man Klipperklapper. ● Wörter, die sagen, ob etwas groß oder klein ist, heißen Klipperklapper. ● Klipperklapper sagen, was man tut und was geschieht. ● Wörter, die sagen, ob man etwas schön oder frech findet, heißen Klipperklapper.

3 Schreibe und setze für Klipperklapper die richtigen Namen ein.

Reimwörter

wir <u>siegen</u>, sie b . . . , wir kr . . . , die Fl . . . , sie fl . . .
wir <u>dienen</u>, die B . . . , die Sch . . . , er ist ersch . . .

5 Schreibe alle Reimwörter. So: *wir siegen, sie biegen, . . .*
Oder: Schreibe alle Reimwörter und noch ein paar neue dazu.

SUPER 1 BONBON

Macht am Freitag oder am Samstag einen Wochenschluß mit Gedichten: Jeder von euch spricht irgendein Gedicht. Wer Lust hat, darf dafür auch ein neues lernen.

---

6 DIE KLASSEN RUNDE

Thema heute:
Soll man mündlich gratulieren oder handschriftlich oder mit einer Glückwunschkarte?

Ein Stück Glück

das <u>Glück</u>, das St . . . , die L . . . , die M . . . , die Per . . . , b . . . , dr . . , pfl . . .

2 Schreibe lauter Wörter mit ück. Kreise dann alle (ück) ein.

Wörter mit (ee)

der See   der Schnee   der Klee   die Idee   die Beere   leer

4 Lies die ersten drei Wörter. (Denke an Trick 1.) Schreibe sie dann auswendig nacheinander. Mache es genauso mit den letzten drei Wörtern.

Monate mit er

7 Schreibe die Namen aller Monate, die mit dem Wortbaustein er aufhören. → ABC

Die Seite Kuddelmuddel

Ich will nicht ins Bett
Du sollst ihm nicht weh tun
Mir schmeckt die Suppe nicht
Mach den Fernseher aus
Laßt ihn mitspielen

SUPER 3 BONBON

Diese Sätze kann man unterschiedlich sprechen:
lieb, sachlich, befehlend, drohend, schreiend. Sprecht unterschiedlich.
Welche Satzzeichen müßte man schreiben: Ausrufezeichen oder Punkt? Schreibe die Sätze.

Aus a wird ä

Zahn Kahn Hahn Land Band Rand Rad Bad Hand Wand

4 Schreibe immer Einzahl und Mehrzahl mit den bestimmten Begleitern.
So: *der Zahn – die Zähne, der …*

> Weißt du noch?
> *der, die* und *das* heißen bestimmte Begleiter.
> *ein* und *eine* heißen unbestimmte Begleiter.

Umlaute sortieren

wir können	das Mädchen	die Räder	die Wälder
wir dürfen	die Nöte	der Müll	er erklärt
die Gräser	die Vögel	wir wünschen	die Tür
wir mögen	das Glück	das Blümchen	die Stühle
für	die Plätze	die Schwänze	die Nägel

> Denke daran:
> ä, ö und ü heißen Umlaute.

1 Schreibe die Wörter in eine Tabelle, geordnet nach Umlauten.
So:

ä	*ö*	*ü*
die Gräser	*wir können*	*wir dürfen*
…	…	…

Oder:
Schreibe die Wörter in eine Tabelle, geordnet nach Umlauten.
Schreibe die Umlautwörter dann noch einmal in eine Tabelle und ordne sie in jeder Spalte nach dem ABC.

2 Bearbeite noch einmal die Aufgaben 7 und 8 auf Seite 55.
Übermale die Wortstämme rot, die Endungen blau.

Die Seite Mischmasch

minus plus mal gleich

$2 \cdot 4 =$	$20 - 10 =$
$9 - 3 =$	$2 \cdot 5 =$
$7 + 3 =$	$1 + 6 =$
$8 - 6 =$	$10 + 10 =$

1 Schreibe die Aufgaben mit Zahlwörtern. → ABC
So: *Zwei mal vier gleich acht.* ...

Reimpaare

die Glocke, die Fl ... / die Klasse, die M ... / der Krach, das F ... /
klingen, br ... / rollen, w ... / stehen, s ... / rennen, tr ...

5 Schreibe alle Reimwörter.
So: *die Glocke, die Flocke*
...

Oder: Schreibe alle Reimwörter und suche zu jedem Paar möglichst ein weiteres Reimwort.

SUPER-DETEKTIV 3 Es gibt auf der Welt viele Schriften ohne unsere Buchstaben. Schreibe ein Wort in einer solchen Schrift auf ein Blatt. Schreibe das deutsche Wort in unserer Schrift dazu.

Achtung, Falle!

blau, dumm, für, ewig, selten, gesund, frisch, leicht, irren, offen, neu, reich, wild, wissen, nah, frei

6 Schreibe alle Wiewörter. Drei Wörter sind dazwischengeschmuggelt.

Oder: Schreibe alle Wiewörter, geordnet nach dem ABC. Aber nur die Wiewörter.

Paulines Was-ich-nicht-mag-ABC

Ich mag nicht Arbeit, Briefe schreiben, Cowboys, Dummköpfe, Eselsohren, Feinde, Geister, Hunger, Impfung, freche Jungen, Krach, Löcher in den Zähnen, Müll, schlechte Noten im Diktat, Ochsen, Pickel, Quark, Regen, Schönschrift, Teufel, Ungeheuer, Vulkane, Wunden, X-Beine, den Buchstaben Y, Zahnschmerzen.

4 Schreibe immer zwei *Was-ich-nicht-mag-Dinge* nacheinander.

singen und sinken

spr ..., br ..., s ..., w ..., bl ..., r ..., h ..., gel ...

2 Schreibe zuerst vier Reimwörter zu *singen,* dann zu *sinken.*

Die Seite Dies und Das

Doppel-Mitlaute

Kennst du noch die Wörter aus dem Kasten auf Seite 61 oben?

5 Schreibe alle sechs Wörter mit Doppel-Mitlauten heraus.
Schreibe dann zu drei Wörtern ein Reimwort.

Reim-König

immer, schl ...	hell, schn ...	irren, kl ...	die Puppe, die S ...
brennen, r ...	toll, v ...	still, ich w ...	die Mutter, die B ...
dumm, kr ...	nennen, k ...	trennen, p ...	das Bett, das F ...
essen, fr ...	essen, m ...	die Tasse, die K ...	rollen, w ...

6 Schreibe alle Wörter mit den Reimwörtern.

Das Schimpfwörter-ABC

SUPER 3 BONBON

Du Angeber! Du Bananen-Heini! Du Cremetante! Du Dussel!
Du Eierkopf! Du Fliegenfänger! Du Gewitterziege!

Schreibe fünf weitere Schimpfnamen, die nicht gemein sind.

4 DIE KLASSENRUNDE

Thema heute:
Soll man sich entschuldigen?
Wofür? Wie?

Rätsel

Vor dem alten Haus sitzt ein Tier oben auf einem Ast. Es hat Flügel, aber keinen Schwanz. Es kann fliegen, doch ist es kein Vogel. Eine Ente ist es auch nicht. Es legt viele Eier. Es kann nicht singen, nicht lachen, nicht weinen. Es läuft auf dreimal zwei Beinen.

1 Schreibt als Partnerdiktat. Zuerst diktiert der eine Partner den ersten Satz, dann der andere Partner den zweiten Satz. Und so weiter.

Spitzer Spatz

2 Dies ist eine Partnerarbeit. Sucht zehn Wörter mit *itz* oder *atz*.
Zwei stehen schon in der Überschrift. Schreibt die zehn Wörter.
Vergleicht vorher mit dem Wörterbuch, wie man sie schreibt.

Die Seite Holterdiepolter

Jedesmal, wenn ihr mit dem Sprachbuch arbeiten wollt, darf zuerst einer von euch der Klasse ein Märchen erzählen.

Dreimal vier Reimwörter

wie, d . . . , s . . . , n . . . , das Kn . . .
fliegen, s . . . , b . . . , kr . . . , l . . .
lieb, das S . . . , der D . . . , sie bl . . . im Bett, ich schr . . . einen Brief

4 Schreibe für jedes Wort die vier Reimwörter.

Partnerdiktat: Bei uns in Spanien

Luisa sagt: In fünf Wochen fliege ich mit meiner Mutter nach Spanien. //
Mein Opa wohnt in Malaga. // Mit dem Flugzeug bin ich in zwei Stunden da. //
Aber von dort fahren wir noch einmal über drei Stunden nach Mijas. //
Mijas ist ein kleiner Ort an einem Berg. // Er hat viele weiße Häuser. //

3 Diktiert euch gegenseitig. Bei jedem Doppelstrich wird gewechselt.
Denkt ihr auch noch an Trick 3? Er steht auf Seite 21.

Gegenteil-Wiewörter

gut, kalt, unsicher, leise, schwach, naß, arm, hell, ungenau, werfen, im, kam, hart, dumm, gesund, unwahr, falsch, lieb, leer, dazu, leicht

6 Suche in der Wörterliste immer das Gegenteil.
Schreibe so: *gut – schlecht, kalt – ...* → ABC
Achtung, Falle!
Vier Wörter sind keine Wiewörter.

> Du weißt ja:
> Wiewörter sagen,
> wie etwas ist oder
> wie du etwas findest.

5 DIE KLASSEN RUNDE

Thema heute: Welche Regeln fürs Fernsehen sollte es in einer Familie geben?

Reimwörter

fallen, sich anschn . . . , jemanden überf . . . , wie ein Baby l . . . ,
der B . . . Heu, laut kn . . .
fassen, l . . . , p . . . , den Motor anl . . . , einen Feind h . . .

1 Schreibe alle Reimwörter. So: *fallen, sich anschnallen, ...*

ab
der **Abend**, die Abende
aber
acht
alle, alles
als
alt
am
an
anfangen, es fängt an
antworten, er antwortet
der **Apfel**, die Äpfel
der **April**
die **Arbeit**, die Arbeiten
arbeiten, sie arbeitet
der **Arm**, die Arme
auch
auf
das **Auge**, die Augen
der **August**
aus
das **Auto**, die Autos

baden, sie badet
die **Bahn**, die Bahnen
der **Ball**, die Bälle
der **Bauch**, die Bäuche
bauen, er baut
der **Baum**, die Bäume
bei
das **Bein**, die Beine
bekommen, sie bekommt
der **Berg**, die Berge
das **Bett**, die Betten
bezahlen, er bezahlt
ich **bin**
binden, sie bindet
bis
du **bist**
bitten, er bittet
blau
bleiben, sie bleibt
die **Blume**, die Blumen
bluten, er blutet
braun
brechen, sie bricht
brennen, es brennt
der **Brief**, die Briefe
die **Brille**, die Brillen
bringen, er bringt
das **Brot**, die Brote
der **Bruder**, die Brüder
das **Buch**, die Bücher
der **Bus**, die Busse

da
dabei
damit
danken, sie dankt
dann
darum
das
dazu
dein
in **dem** Haus
gib **den** Ball!
denken, er denkt
der
der **Dezember**
dich
die
dienen, er dient
dir
doch
dort
drei
du
dumm
dunkel
dürfen, sie darf

das **Ei**, die Eier
eilen, sie eilt
der **Eimer**, die Eimer
ein, eine, einer
einfach
eins
das **Eis**
das **Ende**, die Enden
eng
die **Ente**, die Enten
er
die **Erde**
erklären, er erklärt
erlauben, sie erlaubt
es
essen

fahren, er fährt
fallen, sie fällt
falsch
die **Familie**, die Familien
fangen, er fängt
fassen
der **Februar**
fein
der **Feind**, die Feinde
das **Fenster**, die Fenster
die **Ferien**
fernsehen
fest
das **Fest**, die Feste
das **Feuer**, die Feuer
finden, sie findet
der **Finger**, die Finger
die **Fliege**, die Fliegen
fliegen, er fliegt
der **Flügel**, die Flügel
das **Flugzeug**, die Flugzeuge
folgen, er folgt
fragen, sie fragt
die **Frau**, die Frauen
frech
frei
fremd
sich **freuen**, er freut sich
der **Freund**, die Freunde
frisch
froh
fünf
für
der **Fuß**, die Füße

der **Garten**, die Gärten
geben, er gibt
gehen, sie geht
der **Geist**, die Geister
gelb
das **Geld**, die Gelder
genau
gern
das **Gesicht**, die Gesichter
gestern
gesund
er **gibt**
gleich
die **Glocke**, die Glocken
das **Glück**
das **Gras**, die Gräser
grau
greifen, er greift
groß
grün
gut

das **Haar**, die Haare
haben, er hat
die **Hand**, die Hände
der **Hase**, die Hasen
du **hast**
sie **hat**
das **Haus**, die Häuser
heben, er hebt
das **Heft**, die Hefte
heißen, sie heißt
helfen, er hilft
der **Herr**, die Herren
heute
hier
der **Himmel**, die Himmel
hin
hoffen, er hofft
holen, sie holt
hören, er hört
die **Hose**, die Hosen
der **Hund**, die Hunde
der **Hunger**

ich
der **Igel**, die Igel
gib **ihm** etwas!
laß **ihn** los!
ihr
im Zimmer
immer
in
ins
irren, sie irrt
es **ist** gut

ja
das **Jahr**, die Jahre
der **Januar**
jede
der **Juli**
jung
der **Junge**, die Jungen
der **Juni**

kalt
er **kam**
er **kann**
die **Kasse**, die Kassen
die **Katze**, die Katzen
kaufen, sie kauft
kein
kennen, er kennt
das **Kind**, die Kinder
das **Kino**, die Kinos
klar
die **Klasse**, die Klassen
klein
klingen, es klingt
kochen, er kocht
kommen, sie kommt
der **König**, die Könige
können, er kann
der **Kopf**, die Köpfe
kosten, es kostet
der **Krach**, die Kräche
krank
kriegen, er kriegt

lachen, sie lacht
das **Land**, die Länder
lang
lassen
laufen, er läuft
laut
legen, sie legt
der **Lehrer**, die Lehrer
die **Lehrerin**,
die Lehrerinnen
leicht
leiden, er leidet
lernen, sie lernt
lesen, sie liest
das **Licht**, die Lichter
lieb
lieben, er liebt
liefern, sie liefert
los
die **Luft**, die Lüfte

machen, er macht
das **Mädchen**, die Mädchen
der **Mai**
mal
malen, sie malt
der **Mann**, die Männer
die **Mark**
der **März**
die **Maus**, die Mäuse
mehr wert
mein, meine
meinen, er meint
melden, sie meldet
die **Menge**, die Mengen
der **Mensch**, die Menschen
messen
das **Messer**, die Messer
der/das **Meter**, die Meter
mich
die **Milch**
mir
mit
die **Mitte**, die Mitten

mögen
der **Monat**, die Monate
morgen früh
der **Müll**
der **Mund**, die Münder
müssen, sie muß
der **Mut**
die **Mutter**, die Mütter

nach
die **Nacht**, die Nächte
der **Nagel**, die Nägel
nah
der **Name**, die Namen
die **Nase**, die Nasen
naß
nehmen
nein
nennen, sie nennt
neu
neun
nicht
nichts
nie
noch
die **Not**, die Nöte
der **November**
nun
nur

oben
oder
offen
oft
ohne
der **Oktober**
ordnen, er ordnet
der **Ort**, die Orte

das **Papier**, die Papiere
passen
das **Pferd**, die Pferde
der **Platz**, die Plätze
der **Popo**, die Popos
der **Preis**, die Preise
die **Puppe**, die Puppen

der **Quark**
der **Quatsch**
quer

das **Rad**, die Räder
rasch
raten, sie rät
rechnen, er rechnet
der **Regen**
reich
die **Reihe**, die Reihen
reisen, sie reist
rennen, er rennt
richtig
der **Ring**, die Ringe
rollen, sie rollt
rot
der **Rücken**, die Rücken
rufen, er ruft
die **Rutsche**, die Rutschen
rutschen, sie rutscht

die **Sache**, die Sachen
sagen, er sagt
sie **sah**
der **Sand**, die Sande
sausen, sie saust
scharf
schauen, er schaut
scheinen, sie scheint
das **Schiff**, die Schiffe
schlafen, er schläft
schlagen, er schlägt
schlau
schlecht
der **Schnee**
schnell
schon
schön
schreiben, er schreibt
schreien, sie schreit
die **Schrift**, die Schriften
die **Schule**, die Schulen
der **Schwanz**, die Schwänze
schwarz
schwer
sechs
sehen
sehr
sein
die **Seite**, die Seiten
selten
senden, er sendet
der **September**
sich
sicher
sie
sieben
siegen, sie siegt
sie **sind** da
singen, er singt
sitzen, er sitzt
so
sollen, sie soll
sondern
die **Sonne**, die Sonnen
spät
spielen, er spielt
der **Sport**
sprechen, sie spricht
springen, er springt
die **Stadt**, die Städte
stark
stehen, sie steht
steigen, er steigt
der **Stein**, die Steine
stellen, sie stellt
still
der **Stoff**, die Stoffe
stolz
stoßen, er stößt
die **Straße**, die Straßen
der **Stuhl**, die Stühle
die **Stunde**, die Stunden
suchen, sie sucht

der **Tag**, die Tage
die **Tasse**, die Tassen
teilen, er teilt
das **Telefon**, die Telefone
teuer
tief
das **Tier**, die Tiere
der **Tisch**, die Tische
toll
tragen, er trägt
treffen, er trifft
treiben, sie treibt
trennen, sie trennt
treten
treu
trocken
tun, sie tut
die **Tür**, die Türen

üben, er übt
über
die **Uhr**, die Uhren
um
und
uns
unten
unter

der **Vater**, die Väter
verlieren, sie verliert
verstehen, er versteht
viel
vier
der **Vogel**, die Vögel
voll
vom
von
vor

wachen, sie wacht
der **Wagen**, die Wagen
wahr, nicht gelogen
der **Wald**, die Wälder
die **Wand**, die Wände
wann
es **war** einmal
warm
warnen, er warnt
warten, sie wartet
warum
was
waschen, er wäscht
das **Wasser**
geh **weg!**
der **Weg**, die Wege
weh
weich
weil
weinen, sie weint
weiß
weit
welche
wenn ich komme
wer
werden, er wird
werfen, er wirft
wie
wild
er **will**
der **Wind**, die Winde
wir
er **wird**
wissen
wo
die **Woche**, die Wochen
die **Wohnung**,
die Wohnungen
wollen, sie will
das **Wort**, die Wörter
die **Wunde**, die Wunden
wünschen, er wünscht

zahlen, sie zahlt
der **Zahn**, die Zähne
der **Zaun**, die Zäune
zehn
zeichnen, er zeichnet
zeigen, sie zeigt
die **Zeit**, die Zeiten
ziehen, er zieht
das **Zimmer**, die Zimmer
zu
zum
zur
zusammen
zwanzig
zwei

Die erste Weißt-du-noch-Seite

1 Sprechen und Lesen üben:

Lesen für flinke Zungen 4^{5} 6^{1} 10^{1} 12^{2} 15^{7} 25^{6} 26^{5} 32^{5} 42^{2} 44^{5} 51^{9}

besondere Wörter kennen 27^{8} 49^{2+5} 51^{5} 59^{7} 65^{7} 67^{5} 72^{2} 82^{3} 84^{1} 86^{3}

anderen etwas erzählen 4^{4} 7^{5} 8^{3} 20^{1} 26^{1} 54^{2} 58^{6} 76^{3} 78^{3} 90^{2}

mit anderen etwas besprechen 4^{1} 13^{6} 21^{5} 23^{3} 33^{10} 34^{1} 36^{1} 45^{7} 46^{1} 52^{2} 54^{1} 65^{6} 68^{1} 70^{2} 73^{5+6} 74^{1} 75^{6} 78^{1} 82^{3}

Die Klassenrunde 82^{1} 85^{2} 86^{6} 89^{4} 90^{5}

Gedichte lernen mit Trick 2 10^{5} 14^{1} 21^{4} 35^{6} 39^{7} 41^{6} 45^{9} 51^{7} 58^{1} 71^{10} 86^{1}

2 Schöne Schrift üben:

besondere Buchstaben gut schreiben 7^{7} 11^{8} 16^{5} 27^{10+11} 42^{3}

Druckschrift-Texte in *Schreibschrift* schreiben 16^{2} 18^{2} 19^{6} 23^{4} 26^{6} 30^{1} 33^{6} 34^{2} 38^{4} 39^{9} 46^{2} 50^{1} 51^{6} 53^{6} 58^{4} 60^{2} 62^{2} 66^{3} 69^{9} 70^{4} 73^{4} 77^{7} 79^{7} 81^{7}

auf schöne, große Blätter schreiben 10^{4} 16^{6} 32^{3} 34^{4} 37^{7} 41^{6} 58^{2}

3 Richtig schreiben üben:

abschreiben mit Trick 1 9^{4} 12^{1} 16^{4} 21^{7} 23^{5} 26^{6} 32^{1} 44^{6} 46^{3} 50^{1} 61^{3}

Partnerdiktat mit Trick 3 21^{8} 25^{5} 29^{8} 35^{7} 41^{8} 47^{8} 55^{10} 57^{9} 61^{6} 71^{7} 79^{10} 83^{4} 89^{1} 90^{3}

auf besondere Laute achten:
- a e i o u 15^{5+6} 20^{3} 23^{5} 33^{9} 37^{9} 39^{8} 42^{6} 45^{12} 49^{7} 57^{7} 82^{4}
- st sp 30^{1+2} 37^{9} 45^{11}
- ä ö ü äu 42^{7} 55^{10} 60^{2} 67^{10} 71^{6} 87^{1+4}
- ei eu au ai 49^{7} 63^{9+10}
- doppelte Buchstaben 71^{7} 82^{4} 84^{5} 86^{4} 88^{5} 89^{5} 90^{1}

Sätze mit einem großen Buchstaben anfangen 24^{2} 28^{3} 35^{10} 47^{7}

Wörter mit großen Anfangsbuchstaben:
- Namenwörter 8^{2} 10^{2} 18^{2} 25^{4} 29^{7} 44^{2} 57^{9} 69^{6}

Wörter mit kleinen Anfangsbuchstaben:
- Wiewörter 7^{6} 22^{1} 40^{1} 41^{7} 67^{7} 69^{7}
- Zeitwörter 7^{4} 16^{4} 21^{7} 46^{3} 51^{5+6}

Wörter zusammenschreiben:
- Zeitwörter mit Wortbausteinen 51^{8} 62^{3+4} 65^{9} 74^{3} 78^{5} 79^{6} 80^{4} 82^{2}
- Namenwörter aus zwei Wörtern 58^{2} 64^{5} 65^{7+10} 72^{3} 73^{4} 75^{4+5}

Reimwörter 83^{1} 84^{3} 86^{5} 88^{2+5} 89^{6} 90^{1+4}

Wörter trennen 37^{8} 65^{10} 79^{11} 82^{6} 85^{4}

Die zweite Weißt-du-noch-Seite

<u>in Texten Zeichen setzen:</u>
- Punkte 24^{1+2} 28^{3} 31^{8} 35^{10} 70^{4} 71^{9} 87^{3}
- Fragezeichen 43^{9} 58^{4} 70^{4} 71^{9} 79^{7}
- Ausrufezeichen 54^{6} 55^{9} 65^{9} 87^{3}

<u>Wörter nach dem ABC ordnen</u> 16^{3} 21^{7} 25^{4} 26^{7} 27^{9} 30^{5} 33^{8} 49^{8} 82^{5} 84^{4} 87^{1} 88^{4+6} 89^{3}

<u>Wörter in der Wörterliste finden</u> 25^{4} 27^{11} 32^{1} 37^{9} 40^{4} 43^{8} 53^{10} 55^{8} 57^{5+9} 61^{4} 69^{6} 72^{1} 84^{5} 86^{7} 88^{1}

4 Texte aufschreiben üben:

<u>*Echo des Tages* aufschreiben</u> 17 75^{8} 83^{2}

<u>Geschichten mit verteilten Rollen aufschreiben</u> 31^{7} 33^{12} 36^{2} 43^{9} 68^{3} 70^{4} 78^{2}

<u>Briefe schreiben</u> 24^{2} 81^{6} 84^{2}

<u>Geschichten zu Bildern aufschreiben</u> 36^{2} 47^{5} 57^{6} 72^{1} 75^{7}

<u>etwas genau aufschreiben</u> 22^{1+2} 27^{8} 28^{3} 38^{4} 47^{5} 53^{6} 65^{8} 66^{3} 76^{2} 80^{3+4}

5 Texte verstehen üben:

<u>Bilder und Texte verstehen</u> 10^{2} 18^{2} 19^{5} 38^{3} 40^{1} 49^{1} 57^{4} 60^{1} 63^{8}

<u>Zeichen und Texte verstehen</u> 14^{2} 15^{4} 29^{5+6} 45^{11} 50^{1} 56^{1+3}

<u>aus Texten etwas erfahren</u> 7^{4} 23^{4} 27^{8} 37^{6} 44^{1} 46^{1} 49^{2} 56^{2} 58^{5} 60^{2} 80^{1}

6 Die deutsche Sprache untersuchen:

<u>Was sind Namenwörter?</u> 40^{2+3} 41^{5} 42^{4+5} 43^{8} 44^{2} 50^{3} 61^{3} 69^{6} 85^{3}
- Namenwörter in Einzahl und Mehrzahl 61^{4} 67^{8} 69^{8} 76^{5} 87^{4}
- Namenwörter mit Begleitern 47^{8} 49^{8} 52^{4} 57^{8} 64^{4} 79^{9} 81^{8} 87^{4}
- Namenwörter mit -chen und -lein 50^{3} 55^{10} 71^{5} 81^{8}

<u>Was sind Zeitwörter?</u> 51^{6} 53^{8+9} 61^{5} 73^{7} 74^{3} 75^{5} 85^{3}
- Zeitwörter in der Grundform 49^{7} 52^{5} 59^{8} 67^{9} 68^{4}
- Zeitwörter mit Stamm und Endung 55^{7} 59^{9+11} 71^{11} 72^{2} 87^{2}

<u>Was sind Wiewörter?</u> 41^{7} 61^{5} 67^{7} 69^{7} 85^{3} 88^{6} 90^{6}

<u>Sätze selber machen:</u>
- Aussagesätze 18^{3} 19^{4} 20^{2} 21^{6} 23^{4} 28^{3} 29^{9} 31^{8} 38^{3+4} 43^{9} 46^{2} 47^{5} 50^{2} 51^{8} 58^{5} 60^{1} 64^{3} 67^{6} 69^{7} 71^{12} 72^{1} 75^{5} 79^{6} 81^{7}
- Fragesätze 43^{9} 46^{2} 59^{9} 63^{8} 70^{4} 74^{2}
- Aufforderungssätze 54^{6} 55^{9} 59^{10} 65^{9}

7 Etwas erforschen wie ein Detektiv: 6^{3} 11^{9} 12^{4} 15^{9} 23^{6} 24^{3} 26^{3} 31^{10} 32^{4} 34^{3} 38^{5} 42^{1} 47^{9} 50^{4} 53^{11} 57^{10} 61^{8} 62^{5} 65^{11} 67^{11} 68^{5} 73^{8} 75^{9} 77^{8} 79^{8} 80^{5} 83^{5} 85^{5} 88^{3}